情熱の仕事学

成毛眞
早稲田大学ビジネススクール
Naruke Makoto
Waseda
Business School

厳選8講

日経BP社

情熱の仕事学

目次

2014年11月〜2015年1月の土曜の夜、熱い講師を招いた、熱い講義が行われた

第 0 講

成毛 眞　早稲田大学ビジネススクール客員教授

なぜ「情熱の仕事学」なのか

あなたは燃えているか

この本は、早稲田大学ビジネススクール（ＷＢＳ）で、２０１４年11月から２０１５年1月まで開講された私の講義『トップマネジメントと経営イノベーション』を元に構成したものだ。授業時間は土曜の夕方で、学生は全員がＭＢＡを取得しようとする社会人である。

その社会人大学院生を前に、彼ら彼女らとそれほど年齢の変わらない、あるいは少し上の現役経営者に、自らのマネジメントとイノベーションについて語ってもらった。

このスタイルは、私が２０００年にＷＢＳの客員教授として授業を行うようになってから変えていない。なぜ私ひとりで講義を行わないのかというと、そうしないことが私の役割だと自認しているからだ。ＷＢＳにはいくつもの講義があり、スタイルも内容もそれぞれが異なっている。今どきの言葉を使えば、多様性に富んでいるのである。

その多様性の中で、私の講義では学生に理論を教えるのではなく、実践、すなわちリアルなケーススタディを、起業家・経営者の口から語ってもらうことにしている。起業家や経営者がどんな経験や判断を積み重ねて今に至っているのかや今の仕事について、これから起業するかもしれない学生に伝えてほしいからだ。

したがって、どんなケーススタディを持っている誰にゲスト講師として登壇してもらうかに毎回、頭を使っている。今回も、私が直接存じ上げていて、学生の刺激になる話をしてくれることが確実な方々にお願いをしたところ、快く引き受けていただくことができた。

実践を、直接に、問いながら、学ぶ

また今回は、新たな試みもした。学生にはゲスト講師への質問を課し、いい回答を引き出せた質問者にはいい成績を付けたのだ。

そうした理由は、学生にとって質問を考えることが、学びになるからだ。質問をすることを前提に話を聞くのと、それなしに話を聞くのとでは集中力が異なるし、理解度も桁違いである。

質問をしなかった学生はレポートで救済する仕組みも設けたが、質問はせずにレポートを提出した学生は大きな損をした。せっかく成長し、そして、ゲスト講師と対話をするチャンスをみすみす逃したからだ。

良い質疑応答のエッセンスは、その質問者の名とともにこの本にも収録している。これから本編を読む方には、質問を考え、そしてその答えを想像しながら読んでもらえればと思う。

ここで、ゲスト講師を50音順に紹介する。

ミドリムシ愛と、「なければつくる」力と

出雲充さんは、ユーグレナの創業者であり経営者である。大学を卒業後、一度は銀行へ就職するものの、ミドリムシに見た夢を忘れられずに起業の道を選んだ人物だ。

ユーグレナとはミドリムシの学名で、会社としてのユーグレナはその名の通り、ミドリムシの培養と販売を行っている。ミドリムシが何でどんな特徴のあるものなのかはご本人による講義に譲るとして、出雲さんの魅力は何と言っても、ミドリムシ愛の深さだ。

これまで、メーカーの人が自社製品に愛を持ち、それを語る現場には何度も出くわしてきたが、出雲さんのミドリムシへの愛とその表現方法は群を抜いている。それは、ミドリムシについて語っているときと、ほかのものについて語っているときの彼のテンションの違いで明らかである。

では、愛だけで経営ができるのか。その答えも出雲さん自身が講義の中で語っている。

なお、私が創業した投資コンサルティング会社インスパイアは、出雲さんに次ぐユーグレナの株主だ。ユーグレナが、そして出雲さんがここまで世の中に知られるようになる前からお付き合いができているのは、私の喜びだ。

梅田優祐さんは、普通の、どちらかというとおとなしい男性に見える。俺が俺がという雰囲気はないし語り口も穏やかだ。その人物の興した事業は投資銀行、コンサルティング業界の仕事を一変させた。これからは、さらに広い業界へ影響を与えることになるだろう。

彼の経営するユーザベースの名前を知らない人でも、「ＮｅｗｓＰｉｃｋｓ」というアプリの名前は聞いたことがあるのではないか。これはビジネスニュースに重きを置いたニュース共有サービスで、ニュースに識者によるコメントや解説が付くのが特徴だ。ＰＣでも利用できるし、スマートフォン用のアプリもある。

名が知られているのはＮｅｗｓＰｉｃｋｓだが、実は現時点でユーザベースの屋台骨を支えているのは「ＳＰＥＥＤＡ」というデータベースであり、ビジネス支援ツールである。仕事には、クリエイティブなものとクリエイティビティのかけらもない作業とに分類できるが、ＳＰＥＥＤＡはそのクリエイティビティのかけらもない作業を自動化した。

このＳＰＥＥＤＡは、コンサルティングと投資銀行業務を経験した梅田さん自身が欲しかったサービス。欲しいものがないから自分でつくるというシンプルな思考は、松下幸之助ら過去のイノベーターに通じるものがある。

ビジネス界の修造と、ハラールの開拓者と

加藤崇さんは、ユーグレナの出雲さんとは銀行時代の同期。採用担当者は何を考えていたのか、ぜひ会って話を聞いてみたいものだ。

米グーグルが東大発ロボットベンチャーを買収したというニュースをご記憶の方もいるだろう。技術流出だとか、日本の企業は何をしていたのかとか、見当違いなものも含めて様々な感想がネット上を飛びかったが、その売却の仕掛け人が加藤さんだ。

ただし、加藤さんは理工学部出身ながらエンジニアではなく、会社経営の専門家である。

傾きかけた会社を再生したり、新しい会社を成長させたりするのを仕事にしている。こういう紹介の仕方をすると、数字だけを追いかけている人間味の薄い人物を想像するかもしれないが、彼は熱い男であり、また、それを隠そうともしない。ビジネス界の松岡修造とは、加藤崇この人のことだと私は思っている。情熱的な人物であることは、彼の著書やこれまでの付き合いの中で知っていたつもりだったが、講義のエモーショナルさに、自分の理解の浅さを思い知らされた。

加藤さんは、今回のゲスト講師に2人いる早稲田大学出身者のうちのひとり。登壇を依頼したときに、母校で語れることをとても喜んでくれたのが印象に残っている。

高槻亮輔さんは、と「さん」付けで呼ぶのが面映ゆい。彼はインスパイアの二代目社長である。初代は私。社長業に飽きた私がこの男になら任せられると判断し、社長に就任してもらった。

経営に飽きたというのは誇張ではない。私は1991年から2000年までの10年間、マイクロソフトの日本法人の社長を務めていたが、退任の理由も飽きだった。もちろん、やり尽したという気持ちはあったし次を任せられる人材がいたことも理由ではあるが、飽きてしまったものは仕方がない。

高槻さんは二代目社長なので起業家ではないが、インスパイアがイスラム・ハラールファンドという一般的に考えられる投資の範囲を大きく超える仕組みをつくり、イノベーションを遂げたのは彼が社長になってからだ。

また、高槻さんになら社長を任せられると判断した理由はいくつもあるが、決定的なのは実行力である。

一時期、私はファイナルファンタジーXIという、大人数で同時にプレイするオンラインゲームに没頭していた。当時はインスパイアの社長だったが、ゲームに夢中になるあまり、出社はしないしメールの返事もしないという有様だった。するとある日、ゲームの画面の中に見知らぬキャラクターが現れて「成毛さんですよね」と話しかけてくるではないか。誰かと思ったら、それが高槻さん。ゲームの中でなら私を捕まえられると思ったらしい。大したものである。

未来予測と、未来のあなたと

田中栄さんは、とこれまた「さん」付けで呼ぶのが実に面映ゆい。彼はマイクロソフト時代の私の部下である。

2015年の今、マイクロソフトという会社が世の中にどのように認識されているのかはわからないが、彼が入社してきた1993年はWindows95というマイクロソフトとインターネットを急成長させるキラーコンテンツ登場の2年前だ。ワープロのWordも表計算のExcelも今ほどのシェアを持っておらず、日々是決戦を地で行っていた。

その最前線に立っていたのが田中さんである。

なお、私がマイクロソフトに入社したのは、自動車部品メーカーから出版社に転職したつもりが、その出版社が設立したアスキーマイクロソフトという会社に出向になったことがきっかけ。何が転機になるかわからないものだ。実は今回のゲスト講師の中には、その偶然を活かしている人が少なくない。そして、その偶然のようなきっかけを、自らつくっている人もいる。それをつくりだす底力が、彼らの未来を変えている。

さて田中さんは現在、未来予測を生業にしている。予想ではなくて、予測。その内容については、本人が講義と質疑応答で十二分に語っている。

出口治明さんは、今回のゲスト講師の中で最年長だ。私よりも先輩で、学生にとっては父親世代である。講義では、穏やかな語り口の中に、長年、競争の厳しい世界を生き抜き、多くの人がリタイアをする時期に起業をした人だけが持つ鋭利な強さが感じられた。

その出口さんにご登壇願ったのは、学生に史上初めてのネット生命保険会社を60歳で立ち上げたストーリーを聞いてほしかったからでもあり、その博識ぶりに圧倒されてほしかったからでもある。

出口さんは何でも知っているというのは、誇張表現ではないと思う。出口さんには、私が主宰するノンフィクションの書評サイト『HONZ』にも定期的に登場していただいている。書評サイトなのでメンバーには本好き・読書好きしかいないのだが、出口さんの読書量は他を寄せつけないし、選ぶ本もほかのメンバーのそれとは明らかに違う。

起業前、出口さんは日本生命に勤めていた。いかにも日本的な大企業の中にこれだけの人物がいたこと、そして、今もおそらくいるであろうことを、我々は常に意識する必要があると思う。この講義を受講した学生は多くが大手企業の社員だったが、学生には、今の自分と同世代の起業家を比べるだけでなく、自分の将来と今の出口さんを比較してもほしかった。

以上6人の講師陣はそれぞれ個性的である。しかし、共通点がある。

それは自分の仕事への情熱を持っていることだ。

異なるのはその発露の仕方だけ。加藤さんのように全身からほとばしらせている人もいれば、梅田さんのように飄々と醸し出す人もいれば、田中さんのように瞳の中に静かに灯している人もいる。

彼らがどんな風に情熱を燃やしているのか、その燃料は何なのかも、講義を通じて感じ取ってもらえればと思う。

彼らの行動の目的は「単なる起業」ではない。私が皆さんに伝えたいのも単なる「起業のノウハウ」ではない。目の前に立ち現れた「やるべきこと」から逃げず、情熱を投じること。その意味と意義を感じてほしい。そして、その先に、新たに見えてくるものがあるはずだ。

では「情熱の仕事学」第1講、開講！

第 1 講

東大発ロボットベンチャーをグーグルに売った男

加藤 崇 加藤崇事務所代表

情熱を絶やすな。それがすべての壁を破る燃料だ

加藤的仕事学
3つのポイント

❶ 誰より大きな一打を打つには、誰より先に打席に立て
❷ クリエイトとは、間違った世の中を正すための武器だ
❸ 20秒だけ恥をかく勇気を持て。その積み重ねが人生だ

加藤 崇（かとう・たかし）

1978年、東京都生まれ。早稲田大学理工学部応用物理学科卒。オーストラリア国立大学経営学修士(MBA)。東京三菱銀行、KPMG日本法人を経て、東証マザーズ上場IT企業執行役員、技術系ベンチャー企業社長、成城石井と牛角を傘下に持っていたレックス・ホールディングス執行役員などを歴任。2011年、加藤崇事務所を設立。世界最高の安定歩行・制御技術を誇るヒト型ロボットベンチャーSCHAFT共同創業者兼取締役CFO就任。同社をグーグルに売却。……そう書くとサラブレッドに見えるかもしれませんが、誤解です。幼少期に両親が離婚。母と姉との貧しい生活の中、准看護師として働く姉と奨学金に支えられながら高校、大学で学びました。卒業したら楽をさせたいと願っていた母を大学3年時に病で亡くし、私の第一の人生は終わりました。第二の人生は、母への思いを、世の力無き人たちのために向けようと考え、もがいてきました。失敗と成功を重ねながら、これからも全力で、もがき続けます。

1978年	東京都武蔵野市に生まれる
1998年	早稲田大学理工学部入学。応用物理学専攻
2002年	東京三菱銀行(現三菱東京UFJ銀行)入行
2004年	KPMG日本法人に転じ、企業再生支援に従事
2007年	オーストラリア国立大学経営学修士(MBA)
2007年~	IT企業執行役員、技術系ベンチャー社長を経験
2010年	レックス・ホールディングス執行役員
2011年	加藤崇事務所を設立。代表に就任
2012年	ロボットベンチャーSCHAFTを共同創業
2013年	SCHAFTをグーグルに売却

「その判断は、フェアか？」

僕はみんなの希望になれるのではないかと思っています。きっと今、皆さんにはいろいろな心配事があると思います。将来食っていけるかとか、このまま会社に残った方がいいのかなとか、職を失ったら再就職できないよなとか。

その点、僕は、1年経たずに職を失った経験があります。周りからはジョブホッパーに見えるかもしれません。その僕が、日本で初めてグーグルに会社を売りました。

僕は早稲田大学の出身です。2002年に理工学部の応用物理学科を卒業しました。ですから理系ですが、就職先は銀行。文系就職をしたのです。ドロップアウトしたと言ってもいいかもしれません。

周囲に数学がとんでもなくできる奴がたくさんいるし、姉と私を女手ひとつで育ててくれた母を亡くしたばかりでもあり、大学院への進学は早々に諦めて、当時、東京三菱という名前だった銀行に就職して、不良債権処理の部隊に配属になりました。長年貸し続けていた資金の回収に心血を注ぐ部署です。

そこで一生懸命仕事をしていましたが、あるとき、やりがいを感じられなくなりました。

雨の日の夕方、営業時間の終わった銀行に、裏口から駆け込んでくる女性がいました。近所のパン屋さんの奥さんです。経営状態が悪くなっているそのパン屋さんの営業担当は僕でした。

だから彼女は「加藤さんを出してくれ」と僕を呼び出し、なぜ今になって急に返済を迫るのかと言い始めました。その理由は単純で、その店の状況が悪くなっているから、返してもらわないとならない。その方の家には抵当権が設定されているので、銀行取引約定に記載されている通りに、家を売って返してもらわないとならない。

これはビジネスとしては当然の帰結なのですが、彼女に目の前で号泣され、それで、僕は銀行を辞めることにしました。

僕は早稲田の理工学部出身です。**仕事は魂でやるものだ**という早稲田的な、またはエンジニア的なスピリットを大学生のときにたたき込まれていたので、魂を無視してビジネスとして正しいジャッジをしていくことに、興味を持てず、納得もできなかったのです。

当時の僕は、相当、ナイーブでした。

ハーバードなんてクソ喰らえ

ＫＰＭＧに転職し、企業を再生する部門で働き出しました。民事再生した企業をどうするか、場合によってはどうやって民事再生手続きをするか、そういった仕事をしていました。

そしてまた、納得がいかなくなりました。ファイナンスばかりやっているのではなく、新しいことを学びたいという思いが強くなったからです。

それで、その会社も退職し、オーストラリアの大学院で経営学を学びました。アメリカの大学院という選択肢はありませんでした。なぜなら、アメリカが大嫌いだったから。ハーバードなんてクソ喰らえと思っていました。それは、Ｍ＆Ａなどの交渉時に相手となる外資系銀行の20代の、ハーバードでＭＢＡを取ったという若者が「再建計画を立てました」なんて言うからです。

それにも僕は、納得がいかなかった。ロジックは正しいかもしれないけど、**実際に再建をしたことのない若者に再建なんてできるはずがない**、人を減らせばいいというが、減らされた人はたまったものじゃない、それでいて、お前は年収何億円なのか、まったく、ウオール街の発想だなと思っていたのです。

それで、アメリカを避けてオーストラリアへ渡り、七転八倒してMBAを取得し、帰国しました。

ただ、多くの人がコンサルティング会社や投資銀行に入るため経歴に履かせるゲタともいえるMBAを取ったにもかかわらず、コンサルティング会社にも投資銀行にも就職しないことは決めていました。理由は、僕がこういう性格だからです。

「訴えてみろ」と答えられるか

ベンチャーの経営をしたいと思っていた僕は、東証マザーズに上場したばかりの、従業員が20人ほどの会社に入りました。なぜベンチャーを経営したかったのかというと、自分の意思決定が、いろいろなところに影響を与え、コンシューマーにもインパクトを与えることを実感したかった。他人からの認知への欲求を爆発させたかったのです。自分に自信もありました。

ところが、その会社はまったくうまくいかず、オーストラリアから意気揚々と帰ってきた僕は1年ほどでその会社からたたき出される格好で辞職します。

これは独立するしかないなと思っていたら、あるベンチャーキャピタリストに声をかけてもらい、ある会社を上場させる手伝いをすることになりました。

すると、その会社がまた別の潰れそうな会社を買ったからと、その潰れそうな会社の社長をすることになりました。当時僕は29歳。それでいきなり、従業員数23人、売上げ3億7000万円の会社の社長になりました。

その会社はとにかく赤字。リストラもし、株主も整理して、できることは何でもやりました。**クライアントからは「訴えるぞ」と言われ「訴えてみろ」と答えました。**

そうできたことが、MBAで学んだこととの最大の効用だと思っています。

MBAではマクロ経済もマーケティングもオペレーションも学びます。すると、MBAで学ぶものはこれだとくくることができる。その**くくりの外にあるものを認識できるようになった。それによって肝が据わった**のです。

もうひとつ、MBAの効用に触れると、それはグループワークを経験したこと。グループワークでは、バーチャルでのケンカができる。すると、**人間はどこまでいくとキレるの**

かを、**身をもって知る**ことができます。会社でそれをやったら大変なことになりますが、MBAにはそういう場がいくらでも用意されているので、そこでガチで勝負したことが、後に生きています。

さて、その社長業を終えた後、僕は成城石井と牛角を傘下に持っていたレックス・ホールディングスに呼ばれ、再生担当の執行役員になります。この頃には僕はある程度先が見えるようになっていて、僕の仕事はどこかの企業に成城石井を売ることだろうなと思っていました。ところが、あっと言う間に売れてしまって、それ以上その会社にいても仕方ないなと思って、それで、独立しました。

独立してからはいろいろな会社の顧問をやりながら、ある会社をつくりました。それがシャフトです。

AKB49? ビジネスを舐めるな

友人の紹介で、中西雄飛(現・シャフトCEO)と浦田順一(現・シャフトCTO)に会ったのは2012年の2月か3月です。当時、彼らは東京大学で人型ロボットの研究をしていました。

その頃の日本の人型ロボットの研究環境は、決していいものではありませんでした。国による研究予算はロボットにはなかなか付かずにいました。ホンダはＡＳＩＭＯを開発しているし、トヨタにもロボティクスの部門があるけれど、両社ともその事業に全力を注いでいるようには見えませんでした。

つまり、１２３４５の次が６であるように、８６４ときたら次が２であるように、人型ロボットにはお金が落ちないし、関わる人が減っていくことは誰の目にも明らかでした。頭のいい人から、こういうことに気がつきます。

だから、中西と浦田は起業しようと思ったのでしょう。未来も希望もない世界で、小さくやっていくことはできるかもしれないけど、**トップを走ってきたという自負があればこそ、トップであり続けたい**のが人情です。だけど、このままではそうではなくなってしまいそうだ。だから、起業。

そういう彼らを僕に紹介してくれた友人は、おそらく、加藤は**情熱的ですべての球を回転レシーブで受ける人間だから、話くらいは聞くに違いない**と思ったのでしょう。

初めて会うとき、中西と浦田はビジネスプランを持ってきました。ＡＫＢ49というものです。**ＡＫＢの49人目のメンバーを人型ロボットで**つくって、秋葉原にある劇場で踊らせる。世界の誰も真似できない安定的な人型ロボットは絶対に倒れない。こんな素晴らしいロボットにはアラブの石油王なら出資してくれるはずだ。中西がそう話すのを聞いて、これはまずいなと思いました。

ビジネスを舐めている、と僕は思いました。舐めているのは、彼らがビジネスを知らないからなのですが、伊達や酔狂で金を出してくれる人が世の中にいるわけがありません。それまで真面目にビジネスをやってきた僕から見ると、**これ以上ひどいビジネスプランはない**。まったくバカみたいな話です。

激高できる男は信頼できる

僕はその通りに、理路整然と話しました。すると、中西はものすごく怒った。激高しました。いい大人が激高なんてするはずがないと思うかもしれませんが、本当に激高したんです。

僕は、彼のビジネスプランがなっていないという話をした。そうしたら彼はそれを、僕がロボットを舐めていると受け止めた。だから、これまでどれだけロボットに人生を賭けてきたのかというような、ロジカルじゃないことを言い出した。

すると、僕は激アツになるわけです。

何かを前に進めるのは、ロジックではなくて情熱や勇気なんです。彼らが持ってきたビジネスプランが、エクセルのシートにまとまった精緻なものであったら、僕は熱くならないし、それに、そういう分析はたいてい外れます。

激高した中西を見て、僕は彼らに協力することに決めました。そして、世界一だというロボットの動画を見せてもらいました。

その動画は、僕が見てもすごいとわかるものでした。ASIMOにはできない動きをしています。押されてよろけたら、どこに足をついたらいいかをすぐに計算して、倒れないようにしている。具体的にどうやってそれを実現しているのかはわからないけど、すごいということはわかる。

見ればわかる。別の言い方をすれば、**自分にはわからないだろうと思って見ると、絶対にわからない。**

例えば、遺伝子分野には、遺伝子関連の学位を持っていないと投資してはならないのではないかと考える人は、結構います。だから、調査機関がつくったきれいなビジネスプランを見たがるのです。

しかし、1970年代に遺伝子工学の発達のきっかけをつくったバイオベンチャーに投資したのは、半導体の技術者です。半導体の技術者が、遺伝子工学のことをわかるはずがありません。それでも、すごいとわかって、そこに張れた。

だから、僕が2人の技術のすごさに気がついたのも、大した話ではないんです。ある閾値を超えたすごいものに反応できただけです。**素直に反応するには、悪い方、難しい方に考えなければいい**だけのことです。

ですが、世の中は、すごいからやりましょうとストレートにものを通すのは難しい。いろいろなところから抑圧があるからです。もし、みんながベンチャーを興したり、新規事業を手がけて本当に成功したいと思ったなら、そういった**抑圧を頭の中から追い出した方がいい**でしょう。

さて、2人と会社をつくることになって、設立の手続きを進めると同時に、僕はベンチャーキャピタルを回って資本金を集め始めました。人型ロボットを試作するには、200

0万円かかります。iPhoneのアプリやLINEのスタンプをつくるのとは訳が違うのです。

人型ロボットのようなベンチャーは、最初の段階ではお金が必要ですが、マーケティングはあまり必要ありません。開発が長く続くからです。だから、市場に製品を出さないまま、潰れてしまう会社もあります。ハードをつくるベンチャーはそんなものです。ですから、CEOの仕事の大半は資金調達になります。

「ふざけるな、3年遅い」

日本のベンチャーキャピタルにプレゼンするためのビジネスプランは、僕が書きました。キャッシュフローの予測も付けた。きれいなものにしましたよ。本当はそんなもの要らないし、予測なんて当たらないのだけれど、ベンチャーキャピタルがそういうものを求めているから、つくるだけの話です。もちろんそのための下準備はするし、分析もきちんとやります。

その結果、1社も投資してくれませんでした。あるベンチャーキャピタルには、散々レポートを出し、散々審査されました。部品表と、それを全部組み立てたときの粗利、スケールしたときにどれくらい利ざやが出るかの分析、言われたものはすべて用意しましたが、ダメでした。

そうしたら、シャフトがグーグルに買われた後の2014年の正月にその会社の人から年賀状が来まして、「当社でもロボット分野に注力していくことになりました。よろしくお願いいたします」と書いてありました。

ふざけるなと思い、それから、3年遅いよと思いました。


ベンチャーキャピタルはリスクを取る機関です。ホームページでもそううたっているところが多いです。それなのに、**大きな花火が打ち上がってから投資するのでは遅い**。そのタイミングになったら、小学生だって投資した方がいいとわかります。でも、そこから人型ロボットに投資しても遅いのです。

僕はそれがクソだとは思いません。それが普通です。だから、もし**大きな一打を打ってやろうと思うなら、普通になってはいけない**。先に何かをつかまないといけない。


ベンチャーキャピタルだけでなく、僕がたまたま顧問をしていた造船会社にも出資を依頼しました。人型ロボットと船に何の関係もないのは僕もわかっていますが、あなたの会社にもスタートの時期があったでしょうとか、日本のエンジニアリングに出資しないという選択肢はないでしょうとか、**理屈ではなく、情熱でお金を出してほしい**と言いました。

それに必要な建て付けは用意しました。それが、資金市場と会話するということです。そのときに、行く先がどうなるかはわかっていません。左右どちらに振れるかわからないのです。だから**僕は右だと言いました。後で結論を右にすればいい**わけです。ちゃんと儲けさせますと約束して、その通りにしました。

DARPAが唯一、認めた技術

しかし、これは稀な例で、なかなかお金が集まらない。そこで、DARPA（アメリカ国防総省）のファンディングを受けました。こう聞くと、シャフトの技術がすべてDARPAに筒抜けになっていると思うかもしれませんが、そこはうまく工夫しています。

DARPAからファンディングを受けるのは、そう簡単なことではなく、日本ではシャフトしか該当例がありません。求められる技術的なハードルが極めて高いからです。

もし僕がベンチャーキャピタリストで、**DARPAの審査をパスした技術を持っている会社が出資を募っていたら、絶対に投資します。**インターネットもGPSも、DARPAが世の中に送り出した技術です。

それでも、日本のベンチャーキャピタルはお金を出しません。この頃になると試作機もできていたのでそれを見せても、まったく動いてもらえない。

あるベンチャーキャピタリストは、僕のところへやってきて、試作機の動きを見た後に「加藤さん、私は今日、何のためにここへ来たんですか」と言いました。試作機のすごい動きを見ても、何も驚いていないことに僕は驚きました。そのベンチャーキャピタリストにとっては、ロボットのすごい動きより、DARPAのお墨付きより、エクセルの表の方が大切だったようです。

こういったことを目の当たりにすると、中西と浦田、2人の技術者は「すみません」と言います。「今のプレゼンで良かったですか」と。

僕の答えは「もちろん」です。**熱意を前に出したプレゼンでいい、伝わらないのは相手が悪い**、出資しない方がおかしい、だから気にするな。

そういうことを言って彼らを勇気づけるのも、僕の仕事です。

ベンチャーの苦しい時期をたくさん見てきましたし、企業再生も行ってきましたが、そういうときに**寄り添って助け、最後まではしごを外さずにいる**のも、僕の大事な仕事のひとつなのです。

アンディ・ルービンは男の中の男

ここまでやってもらちがあかず、アメリカのベンチャーキャピタルに声をかけるようになりました。すると、有名なところも興味を持ってくれました。そのうちの1社がグーグルです。

グーグルとの最初のやりとりは電話会議で行いました。初めての相手との電話会議は、電話の音は割れているし、向こうに誰がいるのかよくわからないし、途中で回線が切れるしで、てんやわんやのうちに30分ほどで終わりました。**それが、リアリティ**です。

僕のキャリアチェンジもリアリティそのものです。銀行を辞めて外資系に移ったのは、ヘッドハンティングされたわけでもグローバルに挑戦したかったからでもなく、パン屋の奥さんに泣かれたからです。シャフトが始まったのは、AKB49からです。グーグルとのやりとりは、聞こえにくい電話会議からです。

大した話じゃありません。しかし、これがリアルです。

グーグルがシャフトを買う前に、グーグルのアンディ・ルービンが日本にやってきて、試作機を見ることになりました。アンディ・ルービンは、Ａｎｄｒｏｉｄをつくった人です。

僕はグーグルにシャフトを売ったけれど、その実、アンディ・ルービンに売ったのだと思っています。意思決定の仕方など見ても、彼は男の中の男だと感じました。

そして、距離の近さも感じました。**男の中の男ではあるけれど、そんなに僕らと違う人間ではない。**魔法を使えるわけでもないし、瞬間移動ができるわけでもない。会って話をしてみると、最先端のところにいる人でも、それほど僕らと変わらない。それを、彼に出会ったことで知ることができました。

そうして、シャフトはグーグルに買われました。その次の月に、シャフトはDARPAのロボティクス・チャレンジ・トライアルズで、NASAやMITをぶっちぎって優勝します。ダントツで力が違うことが証明できました。

僕はビジネスの人間なので、グーグルに売れた時点でシャフトは退社し、現在に至っています。

自由闊達にして愉快なる理想工場

このシャフトにまつわる物語のところどころに、日本企業が学べるもの、正確に言うと失ってしまったものが埋まっています。年賀状の話も、エクセルの話も、石油王もグーグルとの電話会議も、全部、そうです。そんなものかというリアリティは、かつての日本企**業にもあったのに、それがなくなってしまっている**のです。

ちょっと写真を見ていただきます。シャフトを売却したころにみんなで撮った写真です。うさんくさいと思うくらいの笑顔でしょう。

こんな顔をして働いたのは、僕もシャフトが初めてです。みんな仲もいいし、ここは21世紀の、自由闊達にして愉快なる理想工場です。

「自由闊達にして愉快なる理想工場」、これが何のことだかわかりますか。**ソニーの設立趣意書に出てくる言葉**です。ソニーはこれを目指してつくられた会社でした。では、これを書いたのが誰だか知っている人、いますか。

井深大さんです。では、井深大さんは、どこの大学のどこの学部を出ているか、知っていますか。僕がここまで言っているのだから、答えはひとつです。

そうです、早稲田の理工学部です。

今日、ここで講義をするにあたって、皆さんにどうしても話したかったことがあります。

それは、早稲田は、東大の劣化コピーではないということです。東大には仲のいい連中もいてとても好きですが、そこは間違ってはならない。

早稲田は東大の劣化コピーではないのだから、早稲田の卒業生は、自分を東大生と比べるのではなく、東大とは別軸で勝負してほしい。早稲田は東大の次のポジションだと思った瞬間、早稲田卒業生の人生からは、何もなくなってしまいます。

では早稲田は**どんな軸で勝負すべきかというと、ピープルスキルだ**と思います。

シャフトは東大発のベンチャーですが、それをグーグルに売れたのは、早稲田卒の僕がいたからです。中西も浦田もそう言ってくれています。グーグルに直接、話をつないでくれたのも、早稲田出身の知人です。

それが早稲田の価値であり、早稲田のキャンパスで育まれるカルチャーです。

リスクを取ってクリエイトしろ

もし、今、小金持ちになりたければ、資産を得てそれを転がすのがいいでしょう。額に汗して働くより、資産を運用した方がいい。トマ・ピケティが言っていることは間違いないでしょう。しかし、僕は早稲田の同志にはそういうことはしないでほしいと思っています。

オリバー・ストーンが監督した『ウォール街』という映画があります。マイケル・ダグラス演じる投資銀行家は、インサイダー取引などをしてのし上がった、「Greed is good」、つまり「強欲は善だ」が口癖の人物です。その生活に憧れているチャーリー・シーン演じる若者が、父親が労組の幹部を務める航空会社の内部情報を漏らしたところ、投資銀行家は興味を示し、2人で一儲けを企みます。

若者は、マーティン・シーン演じる父親からさらに情報を引きだそうとして、航空会社で整備工をしている父親とケンカになります。父親は、額に汗して働いてきた者の代表で、あぶく銭を得ようとする息子と口論になり、そしてこういうことを言うんです。

「Stop going for the easy buck and start producing something with your life. Create, instead of living off the buying and selling of others.」

他人のものを右から左へ動かしてさやを抜くのではなく、クリエイトをしろ、ということです。

これはとても重要なことで、**みんながピケティを信じて資産転がしをやり始めた瞬間に、ＧＤＰは縮小します。**そういう世界でも何人かは、リスクをテイクしてクリエイトする方向へ行かなくてはならないんです。

では誰がやるのかというと、僕らであり、ここにいるみんなです。

大きな企業で働いている人が、自分の将来の心配をして仕事でリスクを取らなくなったら、では、そうではない人はどうしたらいいんですか。今日、この講義を聴いている皆さんなら、今の会社を辞めて5年間をベンチャーにつぎ込んでも、その後、どこかに就職できます。行くところがある。僕はそう思って、ここまでやってきています。

簡単に稼ぐなんていうことは、そうしたい奴らにやらせておけばいい。僕らはリスクを取って、クリエイトをしなくてはなりません。

「俺、それは間違っていると思うよ」

スティーブ・ジョブズがアップルに戻ったとき、「Think different.」というキャンペーンを行いました。**人と違うことを考えよう、という意味ではありません。**僕も最初はそう勘違いしていて、人から指摘されて間違いに気がつきました。

違うように考えよう、であれば、「Think differently」でなくてはならない。なんだ、ジョブズは英語を間違ったのか、という話ではありません。

「Think different」は、Think と different の間にある目的語が省略されているのです。それから、主語も省略されている。両方を補うと「I Think it different」、「俺、それは間違ってると思うよ」ということ。

つまり、世の中は間違っている、ということ、もっと言えば、俺が正しいという意味です。

この「Think different.」キャンペーンに登場していたのは、アインシュタインやピカソです。正しいのは俺で間違っているのは世の中で、だからといって**唾を吐いて終わりではなく、その間違っている世の中を正すため、クリエイトを**しています。

さて、もうひとつ映画の話をしてこの講義を終わりたいと思います。

『幸せへのキセキ』という映画では、僕の大好きなマッド・デイモンが父親役を演じています。妻を亡くした彼が、あまり関係がうまくいっていなかった自分の子どもとの関係を立て直そうとするという物語です。

彼の息子には好きな女の子がいて、でも、その気持ちをなかなか伝えられずにいます。

そしてそれについての相談を、父親にする。すると、父親はこうアドバイスをします。

20秒間だけ恥をかく勇気を持てれば、必ずうまくいく。人生はその連続だと。

成功体験がないなら、小さくても、恥ずかしいと感じることをする勇気を持つ。いきなり大きなことをする必要はなくて、小さなことに挑戦して、小さな成功を得れば、その積み重ねが大きい成果を生み出します。

これはベンチャーでも新規事業でも同じで、**最後の勝負を決めるのは、ロジックではなくカレッジ、勇気です。**

20秒間、恥をかく勇気です。

成毛チェック!

加藤崇さんと知り合ったのは一昨年、ベンチャーコンテスト的なものがあり、私が審査委員長、加藤さんが審査員ということで顔を合わせました。まず、とんでもない熱を放出している奴がいる!というのが第一印象で、聞けばロボットベンチャーで面白いことを仕掛けている、文字通り熱い男だと。そこから付き合いが始まり、講義をお願いしました。

今回の話しぶりで、私が魅了された彼の熱さは存分に伝わったと思いますが、注目してほしいポイントのひとつが「専門性」についてです。もし加藤さんがロボット関連のビジネスをいくつか手がけた後にシャフトに加わっていたら、どうだったでしょう。もちろん経験を生かしてビジネスを成功させたかもしれませんが、私の見立てでは、彼の「非専門性」が成功の大きなファクターだったと思います。

実は私も、マイクロソフトの社長時代から様々な分野に投資をしていますが、一番儲かったのは、本職のIT分野ではなく、アメリカの創薬ベンチャーでした。

ある道を極める専門性は、間違いなく武器ですが、「それ以外の可能性」を察知し、見極める力もまた武器となります。あらゆるものに目を閉じない好奇心、判断においてぶれない軸、そして信じたものに迷いなく力を注げる情熱、加藤さんの武器は、まさにそうしたものではないでしょうか。

加藤崇にさらに迫るQ&A

Q

シャフトをグーグルではなく、日本企業に売却することは考えなかったのですか。（最上 雄太）

まず、日本企業からのオファーがありませんでした。ただ、部品を卸してほしいとか、何かを手伝ってほしいという話はありましたが、全部断りました。

なぜかというと、それはこちらから見ると「お前のところの技術すごいらしいね。買ってやるよ、100円で」というアプローチだからです。実際に、シャフトのメンバーからそういう話が来ているけどどうしたらいいかと相談を受けたことがあります。僕は相手の言う**100倍の値段を提示しろと言いました。つまり、舐められるな**ということです。自分たちのやっていることはそんな安い技術ではないわけですから。

日本企業としては、それは交渉なのかもしれませんが、しかし、アメリカの企業はそういうことはしません。それは、アンフェアだから。弱い者の立場を大きな会社の人間が知っているということです。変な搾取の仕方もしません。

日本企業が悪いと言いたいわけではないのですが、ベンチャーとの付き合い方に関しては、弱いような気がします。

なぜグーグルがシャフトを買えたかという話もしましょう。それは、アンディ・ルービンが起業家だからです。彼は自分が開発したＡｎｄｒｏｉｄをグーグルに売ってグーグルに合流したのですが、それ以前にも、デンジャーという会社を作ってそれをマイクロソフトに売った経験があります。

だから彼は**ベンチャーの目線でものを考えられる**し、どういう話をすれば僕らに響くかを知っています。それで、一瞬でシャフトを買う意思決定ができた。男の中の男です。

Q

隠れた技術を見つけ出すために普段から心がけていることはありますか。（花香 清明）

マクロとミクロの差を意識することです。

議論は大半がマクロです。日本企業ってダメだよねとか、あの会社はダメだよねとか。しかし、そのマクロの中にいる人が成功するかしないかというミクロの話とは別です。難しいことですが、僕はその違いを意識するようにしています。

身近な人が会社を辞めてベンチャーに合流するという話を聞いたらどう感じますか。そんなの危ないよと思いますか。でも、そのベンチャーはどこかの企業とアグリーメントを結んでいて、明日にでも100億円を調達できるとしたら、まったく危なくありません。

Q 加藤さんが起業をされる際に参考になった本を教えてください。（梅田 文嗣）

まず、**『シリコンバレー・アドベンチャー──ザ・起業物語』**（日経BP社）。ゴーというペンコンピューターの会社が生まれ、製品を出すことなく消えていくまでを記した本で、マストリードだと思います。

それから、**『ニュー・ニュー・シング』**（日本経済新聞出版社）。マイケル・ルイス著、東江一紀訳による、ジム・クラークの評伝です。ジム・クラークはシリコングラフィックス、後にネットスケープコミュニケーションズとなるモザイクコミュニケーションズを創業した事業家です。この人が何を思って過ごしてきたのかがよくわかります。

『ジェネンテック──遺伝子工学企業の先駆者』（一灯舎）。これもメチャクチャ良い本で、遺伝子工学が産業になるときに何が起きたかを書いている本です。

Q 精神的に追い込まれたとき、何を支えにしていましたか。（内藤 友規）

そういうときは、渋沢栄一が言ったように**「片手に算盤、片手に論語」になります。**「死を必すれば則ち生き、生をこいねがえば則ち死す」といった言葉、これは呉子の格言ですが、こういったものに助けられます。

先人たちが残した人間の本質は本当に響きます。だから、やったこともないことをあたかもやったかのようにちゃらちゃら話したり書いたりしている人のことはすぐわかります。

Q 選択を迫られたとき、決め手となるものは何ですか。（吉田 航介）

直感です。では、その直感は何でできあがっているかというと、哲学です。では僕の哲学は何かというと、**フェアであること**であり、判官贔屓です。**弱い者の味方**です。これには僕が小さいときに貧乏生活をしていたことも影響しているでしょう。

世の中は、アンフェアにできていて、複雑系で言うところの収穫逓増現象が起こります。ピケティに言われるまでもなく、格差は拡大していきます。でも、それってアンフェアですよね。僕はよく男の中の男という言い方をするので、それについていろいろ言われることがありますが、でも、僕は**女性の味方**です。

なぜかというと、母子家庭で育ったからです。母は非常にインテリジェンスのある人でした。しかし、仕事には困りました。

世の中がアンフェアだからです。

男だというだけで正社員になれていい給料をもらえて、女だというだけで就職先に困ったというリアリティを経験しているから、僕にはアンフェアを憎む哲学が生まれるのです。

そういう哲学に裏打ちされた直感で、僕はシャフトをやらなかったら一生後悔するぞと思いました。

ただ、もし資金調達ができなかったらシャフトはすぐに潰れてしまうかもしれなくて、なんとかして僕が顧問をしている会社から調達をしてもらっても、潰れたら僕はその会社から縁を切られたはずです。

それを怖がっていたら、技術者の2人に対してこう言うこともできたでしょう。

「君たちの技術はわかったけど、そうはいっても人型ロボットにはマーケットがないよ」

「起業なんてしないで、東大の中で技術を温めた方がいい。君たちも今の仕事をしながら、少しずつ国の予算をもらって研究を続けたらいいじゃないか。リスクを減らしてミドルレンジの成果を取ろう」

だけど、こういうことはクソ野郎の言うことです。

僕にはそうは言えなかった。だって、**人生を賭けて起業したいという人が目の前にいるんだから、僕だって人生を賭けないとアンフェアです。**

それで顧問をしていた会社との縁が切れて収入がなくなったら、僕はどこかの店でアルバイトをしてもいい。

いい店員になる自信がありますよ。

成毛チェック！

加藤さんの行動、判断において、常に重きが置かれているのは「それはフェアか？」という自問です。

彼によれば自らが育ってきた環境からその判断軸を持ったとのお話でしたが、彼はまた、熱心な読書家でもあります。哲学、思想、いわゆる教養、もっと言えば、アメリカやイギリスの大学が重視する「リベラルアーツ」的なアプローチから、人生における悩みとの格闘を経て、自分の中に軸を育てている。それが彼の強さであり、迷いなく決断を下せる源泉でしょう。

第2講

ミドリムシで食料危機に挑むバイオベンチャー

出雲 充 ユーグレナ代表取締役社長

ミドリムシに人生を賭け、必ず、地球を救います

出雲的仕事学 3つのポイント

❶ カネ、才能、コネは不要。ひたすら一番にこだわれ

❷ 500社に断られたら？ 501社目に足を運ぼう

❸ 最初に手を差し伸べてくれた恩を、決して忘れない

出雲 充（いずも・みつる）

1980年、広島県生まれ。幼少期に東京都・多摩ニュータウンに移り、そこで育つ。98年、東京大学文科三類入学。在学中にNGOグラミンバンクのプログラムでバングラデシュを訪問、最貧国の実情を知る。2002年、東京大学農学部農業構造経営学専修を卒業後、東京三菱銀行入行。2005年、ユーグレナを設立、代表取締役社長に就任。同年、世界で初めてミドリムシ（ユーグレナ）の屋外大量培養に成功。……僕は変えたいのです。輝きのない未来を。僕らの武器はミドリムシです。環境問題、食料問題、エネルギー問題、健康問題など、この星の困難を乗り越えるために、この生物の無限の可能性とともに新しい未来をつくる。500社に協力を断られても、その信念は変わりません。ユーグレナの経営理念は「人と地球を健康にする」。企業ビジョンは「バイオテクノロジーで、昨日の不可能を今日可能にする」。スローガンは「another future. 〜ミドリムシが地球を救う〜」です。僕は人生を賭けてミドリムシで地球を救います。

1980年	広島県生まれ。東京多摩ニュータウンで育つ
1998年	東京大学文科三類入学
1999年	バングラデシュ訪問、最貧国の実情を知る
2000年	「アジア太平洋学生起業家会議」日本代表
2002年	東京大学農学部農業構造経営学専修卒業 東京三菱銀行入行
2005年	ユーグレナを創業。代表取締役社長就任 世界初のミドリムシ屋外大量培養に成功
2012年	東証マザーズ上場
2014年	東証一部上場

「成功するまで、やる」

今日はおそらく、皆さんの人生の中で最も多くミドリムシという単語を聞く日になるはずです。皆さんのミドリムシ許容量を超え、夜、おやすみになる頃には、**何人かの方の夢にミドリムシが出てくる**ことになるでしょう。

そのミドリムシについて、3つのポイントに絞ってお話し申し上げます。

1つ目は、人生を賭けるべきテーマについて。私にとってはミドリムシですが、人によっていろいろあると思います。その人生を賭けるべきテーマとどのように出合って、起業につながっていったのかについてお話を申し上げます。

2つ目は、私どもが行っているビジネス、つまり、「ミドリムシで地球を救う」というのはいったいどういうことなのかをご説明します。

3つ目に、私がミドリムシに取り組んできた14年間に、ミドリムシから学んだことのうち、皆さんと共有する価値があると考えていることについて、お話をいたします。

さて、ここは早稲田大学ですから、もしかすると私の実家の近所にお住まいの方が、ひとりか2人くらいはいらっしゃるかもしれません。

私の家は、東京都多摩市にある、多摩ニュータウンの団地の3階にあります。私の父親はシステムエンジニア、つまり、普通のサラリーマンで、母親は専業主婦。そして自分と弟の4人家族がその家で暮らしていたわけです。

多摩ニュータウンの4人家族

私の育った家庭は、日本で最も平凡な中流の標準家庭でした。東は多摩ニュータウン、西は千里ニュータウンに住んでいる人のほとんどが公務員かサラリーマンの、いわゆる標準家庭です。**人間は、知らない人にあこがれるということはありません**し、なろうとも思いませんでした。ですから私は自分が社長になろうと思うようなきっかけは、多摩ニュータウンにありませんでした。

多摩ニュータウンに暮らしていて、私はベンチャーやアントレプレナーなどというおしゃれな単語を聞いたことがありませんでしたから、聞いたこともない職業に就こうとは、当然のことながら、思わずにいたのです。将来は、父親や周りの人と同じように、サラリーマンや公務員になるのだろうとぼんやり考えておりました。

そして、大学生になったら、外国に行ってみようと思っていました。**どうせ行くなら、周りの人が誰も行ったことのないところがいい。**そういう場所を探し、大学1年生の夏に、バングラデシュに行くことにしました。

バングラデシュは1971年に独立した国で、国旗が日本のものによく似ています。独立の際に、草原から昇ってくる太陽をイメージし、日本の国旗を参考にしてつくったものと言われています。

その、インドの東側にあるバングラデシュという国に、私は16年前の1998年の8月に参りました。

今日、この中でバングラデシュに行ったことがあるという方はおられますか。すごいですね、100人ほどの教室で、3人もいらっしゃいます。3人も手が挙がったのは初めてです。バングラデシュに行く機会はなかなかないと思いますが、しかし、バングラデシュという単語からイメージされるものは、皆さん、ほとんど同じだと思います。

バングラデシュは世界で最も貧しい国です。1億人以上の人々の1日当たりの所得は1ドル以下、年収に換算しても3万円以下の人が3分の2という国です。非常に狭い国で、面積は北海道の2倍程度しかありません。そこに約1億5500万人もの人が暮らしています。バングラデシュは、世界で最も人口密度が高い国です。

私が最初に訪れた当時、バングラデシュの観光地やおいしいレストラン、ホテルに関する情報はまったくありませんでした。ですから、準備なしにバングラデシュへ行っても、できることはありません。

ではどうしたらバングラデシュのことを知ることができるのか。調べてみたところ、NGOに入るのが一番手っ取り早いということがわかりました。バングラデシュのNGOは、行きたいという人のことを非常によくわかっていまして、例えば、3日間滞在したいという人には3日間のプログラムが、1週間の滞在希望者には1週間のプログラムが、2年間希望者には2年間のプログラムがありました。

その中から私は1カ月間のプログラムを選び、そのNGOの仕事を手伝いながら、バングラデシュについて学ぶことにしました。

ムハマド・ユヌス先生との出会い

当時、一番積極的に学生を募集していたNGOはグラミンバンクというところでしたので、私はそのグラミンで1カ月アルバイトをしました。今は多くの方がグラミンのことをご存じだと思いますが、1998年当時、私は知りませんでした。

グラミンバンクは、2006年に**ノーベル平和賞を受賞されたムハマド・ユヌス先生が創設したNGO**で、グラミンタワーというビルの図書室のようなところで私が働いていたとき、その後ろを普通のおじさんのようにとことこと歩いていたのが、そのユヌス先生でした。

多少、話が前後しますが、バングラデシュに渡る前、私はバングラデシュのことを学ぼうとしていましたが、当時は『地球の歩き方』にバングラデシュ版はなくてインド版の後ろの方に少し記載がある程度、インターネットもまだ十分に普及していませんでしたから、下調べは困難でした。

ただ、貧しい国というのはわかっていて、それを**見て確かめてみたい**という気持ちは非常に強くありました。そして、当然、お土産を何か持っていかなくてはならないだろうと思いました。

当時、私は大学1年生ですから、お金がありません。最初は、折り紙を持っていこうと思いました。ただ、折り紙だけではケチな人だと思われそうですし、サッカーシューズや野球のボールなど、スポーツに使うものなら、子どもたちは喜んでくれるかなとか、いろいろと考えていました。

ただ、世界で一番貧しい国です。食料が十分に足りていないだろうから、シンプルに、食べ物を持っていった方がいいに違いないと、最終的には、カロリーメイトを持っていくことにしました。カロリーメイトを100個ほど買い、それをスーツケースにぎゅうぎゅう詰めにして、おなかをすかせている子どもたちにそれを食べてもらい、元気を出してもらおうと思っていたのです。

ところが、日本にいる間に頭の中でイメージしていたバングラデシュと、1998年8月に実際に到着したバングラデシュはまったく違う国でした。

バングラデシュには、私が想像していたような、昨日から何も食べていなくて、腹ぺこで飢え死にしそうで困っている、**飢餓で悲惨な子どもはひとりもいなかった**のです。

この日本人はハズレだ

バングラデシュでは、**どんなに貧しい村に行っても、必ずおいしいカレーが**出てきました。バングラデシュは、お米の自給率が100%を超えています。バングラデシュにはアゴラという最高級のスーパーがありますが、そこでは米が1キロ約20円で売られています。

それだけではなくバングラデシュでは豆がたくさん採れますから、豆カレーは定番料理です。これは1食10円もしませんから、1日当たりの所得が100円であっても、満腹になれます。おなかがすいて困っている人がいないことに、私は驚きました。

もうひとつ驚いたのは、グラミンの小学校でお手伝いしたときのことです。小学校へ行ったら、100人以上の子どもたちが校舎からわっと飛び出してきて、私の前で歌って踊って、歓迎をしてくれました。

かわいらしい、温かい歓迎に驚いていたところ、グラミンの先生が「1週間前から準備していたのよ」と教えてくれました。1週間前に全校集会で、この小学校には来週から外国人のお手伝いの人が来ることになったと子どもたちに伝えられたそうで、そこでは、こんな話があったそうです。

「この小学校はとてもラッキーです。なぜなら、ここへ来る外国人は日本人だからです。**日本人は誰もが知っての通り、世界で一番お金持ちの国**ですから、みんなのために野球ボールとかサッカーシューズとか、素晴らしいお土産を持ってきてくれるに違いありません。だから、歌って踊って大歓迎して、気持ちよくお土産をもらいましょう」

100人の子どもたちのお目当てはお土産ですから、ダンスの後はスーツケースの周りに殺到しました。

私はそんなにカロリーメイトが欲しいのかと思っていたのですが、ひとりの子どもが「何これ」と。クッキーだと説明したら「そんなの要らない」と。ついでに「この外国人はハズレ。バングラデシュのことを何もわかっていない」と。

つまり、**食べ物が豊富にあるのに、クッキーもらって喜ぶ子どもなんかいない**というわけです。勉強不足を猛省しました。

その後、子どもたちと一緒に校庭でスポーツをする機会がありました。バングラデシュで最もポピュラーなスポーツはクリケットですが、私はルールを知りませんから、サッカーにしてもらいました。

すると、どの子も10分や15分すると、疲れたと言って校舎に帰ってしまうのです。ずいぶんと元気のない子どもが多いなと思いました。

もうひとつ気がついたことに、どの子どもも体形が似かよっていることがありました。足がとても細くて、おなかは膨らんでいる。そういう体形の子どもたちばかりなんです。

動物性タンパク質が足りない

最初はあまり深く考えていませんでしたが、バングラデシュに到着して、1日、2日、

3日経っても、**食事にはカレー以外のものが出てきません。**豆カレーはとてもおいしいのですが、豆以外にはニンジンもタマネギもジャガイモも入っていないですし、肉や魚も入っていない。

これは動物性のタンパク質が足りなくなってしまうのではないか。そう口にすると、子どもたちは「この日本人はやっぱり変だ」と笑います。ひとりの子どもが言うには**「肉の味なんて覚えていない、食べたのは1年くらい前だ」**ということなのです。

そこで私は、ああ、バングラデシュの子どもたちには動物性タンパク質が足りていないから、こういう体形なのだと思い至りました。

動物性タンパク質が分解されたものをペプチドと言いますが、それがさらに分解されたのがアミノ酸で、それが小腸から体内に吸収されます。そこで吸収されたアミノ酸は合成され、筋繊維という組織がつくられます。

しかし、バングラデシュの子どもたちには筋繊維の材料となるべき動物性タンパク質が極めて不足しているので、**とても足が細く、非常に疲れやすい。**

おなかが出ているのも、動物性タンパク質不足のせいです。血液検査をしてその結果をよく見てみると、血中タンパクという項目があり、その血中タンパクのひとつにアルブミンというアミノ酸があります。

アルブミンという言葉の語源は、卵の白身です。そのアルブミンは、血液中の浸透圧をコントロールする物質です。血液中に十分なアルブミンがないと、浸透圧が維持できず、水分が出ていってしまいます。血管が水漏れを起こす状態です。

バングラデシュの子どもたちは、血中タンパクの量を測定できないくらい、アルブミンが不足しています。体中の血管が水漏れを起こし、漏れた水がどこへ行くかというと、おなかです。おなかには、内臓がぎゅうぎゅうに詰まっているわけではありません。内臓と内臓の間には腹腔というすき間があり、そこにたまった水は腹水と呼ばれます。

血液の役割は体を循環して、あちこちにグルコースを運ぶこと、老廃物を腎臓に持っていって捨てることなどですが、巡るべき水がたまっているわけです。だから、疲れやすい。そういう問題が放置されているのが、バングラデシュでした。

10億人が栄養失調

今、日本の食料自給率は39%(カロリーベース)です。それから、世界の人口は2050年には92億人になっているという試算があります。

するとその頃には、日本には十分な食料がなくなり、日本でも**飢え死にする人が出ると**

思うかもしれませんが、そんなことは起きません。

今の農業技術で、100億人が全員満腹になるのに必要な炭水化物とカロリーは、すでに生産できています。炭水化物とは主食の米、麦、イモ、トウモロコシ、豆などですが、こういったものはすでに100億人分あります。

では、今、食料の何が問題なのか。

それは、**おなかがすいている人の数ではなく、栄養失調で困っている人の数**です。炭水化物は足りていても、それ以外のものはすべて足りていない人たちです。肉や卵や牛乳といった動物性タンパク質だけでなく、野菜も果物も足りていません。バングラデシュでは、そもそもこういった食べ物は充分には流通していないのです。

バングラデシュで日常的に電気を使えるのは、全国民の4割以下に過ぎません。冷蔵庫がないと卵や牛乳は流通させられず、食卓にも上らない。その結果、世界には栄養失調の人が10億人います。**10億人の人が、空腹ではなく栄養失調に苦しんでいる**ことに本当に驚きました。

私はその驚きを胸に、そして自分へのお土産として買った青い牛が描かれているTシャツを、まったく減らなかったカロリーメイトだらけのスーツケースにしまい込んで、9月に日本に帰国しました。

俄然、栄養に興味が湧いていたので、栄養についていろいろと勉強を始めました。

緑のつぶつぶなき生き物

皆さんは植物を見たとき、どこで「これは植物だ！」と判断されているでしょうか。緑の葉がついていれば、すぐに植物だとわかると思います。その緑の葉に光が当たると、植物は二酸化炭素を吸収し、酸素を放出します。そしてほとんどの場合、でんぷんを生産します。この反応を光合成といいます。

さて、光合成をする緑の葉を拡大して見てみると、緑色のつぶつぶが見えます。これこそが、光合成を行っている本体です。

このつぶつぶの名前は、リブロース１・５—ビスリン酸カルボキシラーゼ／オキシゲナーゼ。タンパク質です。地球には膨大な種類のタンパク質がありますが、**光が当たることでエネルギーを生産できるタンパク質は、この緑色のつぶつぶしかありません。**

光をエネルギーに変えられるのは、この緑のつぶつぶだけ。そう聞くと、私は自分の体にこのつぶつぶが欲しくなりますが、残念ながら持っていないし、皆さんも持っていません。このように、**緑のつぶつぶを持っていない悲惨な生き物のことを、動物と呼びます。**

悲惨な生き物である動物は自分でエネルギーを生産する手段をひとつも持っていません。ですから、ただ寝ているだけであっても、時間が経つとおなかがすいて死んでしまいます。だから、動物は膨大な量のＡＴＰを生産し、リン酸結合が離れるときに生まれるエネルギーで歩いたり走ったり泳いだりして動き回って、新しいエネルギーを手にしようとしています。自分でエネルギーを生産できないから、食べ続けるために動いているのです。

植物にはその必要がありません。ときどき光が当たれば、緑色のつぶつぶがでんぷんをつくってくれるので、日当たりのいいところで昼寝していればいいのです。

植物と動物の決定的な違いは、緑色のつぶつぶの有無です。このほかにも、植物には植物性の栄養素が多く含まれ、動物には動物性の栄養素が多く含まれているという違いがあります。生活している範囲や遺伝子の形質も何もかも違っていることの結果です。

ところで、人間が健康に生活するためには、植物性の栄養素も動物性の栄養素も両方とも必要です。そして先ほどから申し上げている通り、今、世界には栄養失調の人が約10億人、放置されています。なぜなのでしょうか。

理由はシンプルで、**農地が不足している**からです。

農地は不足、人口は増加

イギリスの経済学者トマス・ロバート・マルサスは、食料が増えるところでは人口が増え、食料が減るところでは人口が減るという、人口論を唱えていました。ローマクラブも、人口が増え続けると、農業生産高が追いつかなくなり、いつしか人口が増えなくなると主張していました。

しかし、**人口は増え続けています。**


地球上では、2000年から農地、正確に言いますと、耕作可能地はまったく増えていません。しかし、人口は10億人増えました。農地が増えなくても人口が増えている理由は、農地の単収、つまり、単位面積当たりの収穫量が増えているからです。

肥料を使ったりトラクターを使ったり、遺伝子組み換え食物を使ったり酸化ストレスに強い種子の育成を行ったりして、単位面積当たりの収穫量を増やしてきたからです。

しかし今、すでに頭打ちになっています。

地球には十分に土地がないので、これ以上、農地を増やしようがありません。今すでに、10億人が栄養失調です。現在約70億人の地球の人口が100億人に達すると、30億人増えることになりますが、この、これから増える30億人と今の10億人の**合計40億人は、栄養失調です。野菜も果物も肉も牛乳も卵も全部、不足します。**

それを防ぐには、限られた土地を使って栄養価の高いものを生産しなくてはなりません。さて、一番栄養価が高い食べ物は何でしょうか。それが、バングラデシュから帰ってから探し続け、大学3年生のときに出合った、本日の主人公であるミドリムシです。

ミドリムシは緑色をしています。先ほど申し上げた緑色のつぶつぶを使って光合成を行っている、れっきとした植物です。植物としてはワカメやコンブ、ヒジキ、ノリ、こういった海藻の親戚に当たる藻類です。コンブは非常に大きく成長しますが、ミドリムシはコンブの細胞1個程度の大きさしかありません。**0・05ミリの非常に小さいミラクルなコンブがミドリムシ**と思っていただければいいと思います。

そしてミドリムシの真骨頂は、自分で体を変形させ、泳ぎ回ることができることです。これは、植物にはない形質です。動物の遺伝子と動物性の栄養素を含んでいて、その上、植物のように光合成できるという、**植物と動物の両方のいいとこ取り**をしている。それが、ミドリムシです。

2つの課題を克服する

2000年、大学3年生のときに改めてミドリムシについて知って、心の底から感動しました。

これだ、ミドリムシをバングラデシュに持っていこうと決めました。

ただ、不思議に感じる点もありました。こんなにミドリムシが素晴らしいにもかかわらず、世の中にはミドリムシ会社は1社もない。こんなに素敵なミドリムシの特徴が、世の中でまったく誰にも知られていない。

それは、ミドリムシに欠点があるからでした。非常に大きな課題が2つありました。

ミドリムシは、日本では極めて知名度が高い生物です。「ミドリムシのことを知っていますか」とお尋ねすれば、ほぼ全員「もちろん知っていますよ」と答えます。

「では、あなたが今、知っているとおっしゃったミドリムシを、画用紙に描いてください」とお願いして画用紙とクレヨンを渡すと、大半の人が「〜」記号のような生物を描きます。

これはアオムシ。モンシロチョウの幼虫であり、ミドリムシとは何の関係もない生き物です。しかし、大半の人がムシという音に引っ張られて、アオムシやイモムシを連想されます。

致命的に名前が悪い。それが、ミドリムシの大きな課題の1つ目です。

2つ目の課題は、私どもが解決しました。

繰り返し申し上げてきたように、ミドリムシは栄養満点です。人間が生活するために必要な動物と植物の59種類の栄養素がすべて、ミドリムシには含まれています。

このことを**知っているのは、人間だけではありません。**バクテリアやカビや酵母といった小さな生き物にとっても、ミドリムシは栄養満点で魅力的な食材です。是が非でも食べたいわけです。彼らは、ミドリムシとそれ以外の食べ物があったなら、必ずミドリムシを食べるほどミドリムシを好んでいます。

ということは、研究室で一生懸命ミドリムシを培養しても、研究室中の雑菌が繁殖してミドリムシを食べてしまうという事態が起こります。これでは研究ができません。

ですから教科書には、雑菌が入ってこないところで培養しましょうと書いてあるのですが、そうするには非常にお金がかかります。

クリーンルームを用意し、コンプレッサーを回し続けて室内の圧力が高い状態を保ち、その部屋に入る前に人間はUVで殺菌される必要があるし、そうしてもなお、ミドリムシはクリーンルーム内のさらに滅菌されたクリーンベンチという限られた場所で無菌操作の上、培養されなくてはなりません。

お金がかかる上に、1カ月間、ずっと世話をして、収穫できたミドリムシの量は、たったのスプーン1さじ分です。1カ月かかってスプーン1さじでは、「これは体にいいのでどうぞ」とバングラデシュの子どもたちに向かって気前よくお渡しすることはできません。

かかるコストと得られる量が、私のやりたいこととまったく見合っていなかったのです。そこで、私たちはその大量培養に着手し、2005年12月16日に、世界で初めて研究室の屋外で膨大なミドリムシを安く育てる方法を発明しました。

大量培養施設は今、沖縄県の石垣島にあります。直径が45メートルで容量が140トンの培養槽は非常に大きくて、今日いるこの教室が5つくらい、培養槽に入ると思います。その培養槽が、石垣島には20個以上あります。今は、この教室100個分のプールで、膨大な量のミドリムシを、安く生産することができています。

大量のミドリムシを育てていると、雑菌が放っておかないという話はすでにしました。しかし、石垣島の培養槽は屋外に置いてあって、蓋がありません。

このことからおわかりのように、私どもが発明した技術のポイントは、設備にはありません。極端なことを申し上げれば、小学校のプールでもミドリムシを培養できます。この技術で**重要なのは、培養液**です。

この培養液の中では、ミドリムシはまったくストレスがかからない状態でどんどん増殖できます。しかし、ミドリムシ以外の生物はすべて殺菌されます。ミドリムシ以外の生物は、この培養液の中では生きることができず、しかし、ミドリムシだけは何の問題もなく生きられます。

これでようやくミドリムシを大量に育てるめどが立ちました。2006年から、多くの人にミドリムシを召し上がっていただきたいという思いで出荷してきました。

栄養失調の10億人に10億匹届ける

このミドリムシを、10億人の栄養失調の人に対して、毎日10億匹届けるのが私の仕事です。いきなり10億匹のミドリムシと言われてもなかなかイメージができないと思いますが、

10億匹のミドリムシは、グラム換算すると1グラムです。1グラムのミドリムシは、当社の商品で申し上げれば、サプリ5粒に入っています。

その中にどれぐらい栄養素が含まれているかと申しますと、**梅干し10個**の中に含まれているのと同じ量のβ―カロテンが含まれています。**牛のレバー50グラム**の中に含まれているのと同じ量のビタミンB12が含まれています。

葉酸という栄養素があります。これは人間の成長、つまり、細胞分裂に欠かせないものです。この世で最も細胞分裂に忙しい人間は、赤ちゃんです。赤ちゃんはどんどん細胞分裂して、どんどん大きくなります。その過程で、葉酸が不足していると、遺伝子の伝達途中でエラーが起きたとき、訂正が追いつかなくなり、それは奇形を引き起こします。妊娠中の女性にとっては、1に葉酸、2に葉酸、3に、4に、5に葉酸です。

イワシ1匹の中に含まれている葉酸と、サプリ5粒の中に含まれている葉酸は同じ量です。**うなぎのかば焼き1枚**50グラムの中に含まれているDHAと、サプリ5粒に含まれているDHAは同じ量です。

亜鉛も重要なミネラルです。亜鉛、つまりATPの生産に欠かせないミネラルは、**アサリ50グラム**の中に含まれているのと同じ量が、サプリ5粒の中に含まれています。

今、10億人の栄養失調の人に、毎日、梅干し10個、牛のレバー50グラム、イワシ1匹、うなぎのかば焼き1枚、アサリ50グラムをお届けすることは不可能です。これだけのものを生産するために必要な農地がありませんし、もしつくれたとしても、10億人に腐らせないままデリバリーする技術もありません。

ですから、ミドリムシの出番です。ミドリムシ10億人分は、サプリ50億粒です。これなら、一生懸命やれば、届けることができる。これが、私どもユーグレナ社の、ミドリムシでの人と地球の救い方です。

人にも地球にも、いい

ミドリムシは人の健康だけではなくて、地球の環境にもとってもいい効果をもたらす生き物です。今日はもうひとつだけ、その事例をご紹介します。

産業革命以降、人類は膨大な量の化石燃料を燃焼させてきましたが、化石燃料を燃焼させると、最後には必ず二酸化炭素が残ります。

私が学生のときの教科書には、大気中の二酸化炭素濃度は370ppmと書かれていましたが、2014年11月に、観測し得る範囲の地球の歴史の中で初めて、400ppmを突破しました。

二酸化炭素濃度が高くなると、どんな困ったことが起こるでしょうか。

そのうちのひとつは、皆さんが今、体験していることです。この教室には、多くの方がいらっしゃいます。人が大勢いるところでは、呼吸によって二酸化炭素の濃度が高くなります。この部屋は1000ppmくらいあると思います。周囲の二酸化炭素濃度が1000ppmを超えると、**人間は眠くなります。**

第2に、二酸化炭素には、熱を閉じ込め、外への放出を抑制するという力があります。地球には太陽から、膨大な量の熱エネルギーが届きます。それを、350〜370ppm程度の程よい量の二酸化炭素が、ある程度の熱を残し、それ以外のものは宇宙に捨てています。

二酸化炭素の量が増えると、この程よいバランスが崩れます。バランス崩壊で最も大きな影響を受けるのは、大気と水蒸気の循環のルートです。

産業革命以前の40万年間は、大気中の二酸化炭素濃度はほぼ一定でした。それは、地球上でどこに雨が降るかが決まっているということです。決まっているから、そこに池ができ、草原ができるのです。

しかし、これだけ急激に二酸化炭素濃度が上がり、熱のバランスが崩れると、**大気の循環や水蒸気の移動のルートが、簡単に変わってしまいます。**

すると、今まで雨が降っていたから池があった場所に、突然、一滴も雨が降らなくなるということがあり得ます。そこに生活する生物に非常に大きな影響を与える変化です。

海でも同じことが言えます。台風の規模は、発生する海域の海水温の温度が0・4度上がるだけで、平均して2倍にも大きくなります。大型台風に毎週見舞われては大変です。

それに気づいた人たちが、2000年頃から、そろそろサステナブルな社会にしようとバイオ燃料が活用されるようになりました。

旧世代のバイオ燃料では役に立たない

しかし、バイオ燃料は皆さんの生活に役立っているでしょうか。

2013年、アメリカでは膨大な量のトウモロコシが生産されました。そのうち4億人くらいの食べる量が、ガソリンとして消費されました。

トウモロコシがどれだけ人気を集めたとしても、突然、1年間で4億人分のトウモロコシを食べる人や地域が出現することはあり得ません。この急激な需要の増加は、アメリカのトウモロコシ農家をたいそう儲けさせました。

しかし、南米などで、トウモロコシを主食にされている方にしてみれば、これは大変な話です。店に行ってもトウモロコシを買えなくなるかもしれないからです。「あなたの分のトウモロコシは全部ガソリンに変えました。どうしても欲しいなら、価格は明日から2倍です」と言われたら、所得の低い人は困ってしまいます。

これはトウモロコシに限った話ではありません。

バイオ燃料は、トウモロコシだけでなく、ナタネ、ヒマワリ、大豆、ゴマ、サツマイモ、サトウキビなど、様々なものから簡単につくることができます。植物を搾って出てくる油は、簡易な装置でエステル交換するだけで、遊離脂肪酸とグリセリンになります。この手軽さがバイオ燃料の広がりの理由のひとつですが、先ほどトウモロコシの例でお話ししたように、生活に役に立っているとは言えません。

これらのバイオ燃料は、役に立っていない旧世代のバイオ燃料です。役に立っていないのは、食べものを使っているから、ではありません。**農地という、地球で一番貴重な資源を使っているから**です。

ジェット燃料に挑む

私どもは今、ミドリムシからバイオ燃料をつくる試みをしています。

ミドリムシは砂漠ででも海ででも、簡易的なプールと培養液があればつくれます。例えば、放射性物質に汚染された耕作放棄地でも、安全に膨大な量のミドリムシをつくることができます。農地を圧迫せずにバイオマス燃料を生産できるのです。

私どもはミドリムシの老舗企業として、バイオ燃料の中でも最も難しいと言われているジェット燃料の開発に集中して取り組んでいます。

ミドリムシで飛行機が飛べば、ミドリムシは世の中の役に立っているな、いい子だ、応援しよう、ムシとはいえ虫じゃないんだよという人が増えると思います。

そのきっかけになるのが、ミドリムシバイオジェット燃料だと私は考えています。ミドリムシバイオジェット燃料であの巨大な飛行機を飛ばせれば、ミドリムシの本来の実力を大勢の方に理解していただけると思っています。

ミドリムシを仕事にすることは、2000年にミドリムシと出合い、これをバングラデシュに持っていきたいと思ったところからスタートしました。

当然のことながら、ひとりではできません。大勢の人に一緒にミドリムシをやってみようとお願いしてきました。

しかし当時、一緒にミドリムシをやろうと誘うと、皆さん、嫌がって逃げてしまいました。逃げなくても、ちょっと許してくださいと言われました。ミドリムシ以外のことだったら何でも手伝いますから、ミドリムシだけは勘弁してくださいと言う人もいましたが、得てして、そういう人は何を言っても手伝ってくれません。

いずれにせよ、大勢の人にミドリムシを一緒にやりましょうと声をかけて、2人だけから「わかった、一緒にやってやろう」という返事を得られました。

鈴木健吾(現・ユーグレナ取締役研究開発担当)と福本拓元(現・ユーグレナ取締役マーケティング担当)という2人の仲間を得て、3人で2005年にスタートしたのがユーグレナ社です。

ユーグレナというのはミドリムシの学名で、将来は**海外にもこのミドリムシを広げていくこと**を見据えた社名です。いよいよ2006年から、ミドリムシを大勢の人に召し上がっていただいて、健康になってほしい。そういう思いでスタートしたベンチャーでした。

500社行っても採用ゼロ

しかし、どうやってミドリムシを販売すればいいのか、販路がまったく想像できませんでした。誰に売ったらいいのかもわかりません。

そこで毎日、あらゆる会社のホームページを見て、電話番号を調べて、営業の電話をかけていました。それしかできることがないからです。

ミドリムシ要りませんかとセールスをされても、大抵の人は困ります。一度会って話をしましょうとなるので、資料を持って説明をしに行きます。すると「なるほど、なるほど、ミドリムシね。これは虫じゃないね。栄養もたくさん入っているね。ちょっとうちでもやれるかもしれない」という話になり、そして、上長の決裁を取る必要があるので、稟議書を書きましょうという話になります。

本当にたくさんの会社の稟議書のひな形を拝見してきました。様式は様々ですが、どの会社の稟議書にも、必ず同じことを確認する欄がありました。それは、採用実績の確認欄です。ミドリムシの採用実績は？　他社ではどんな会社がミドリムシを扱っていますか？　ミドリムシ会社の主要取引先を5社教えてください。

聞き方はいろいろですが、実績はどうなんだという話です。

すでにお話しした通り、大量培養の方法を発明したのは２００５年12月16日。その翌年、会社をつくった２００６年に営業をしに行っているわけですから、当然、採用実績はありません。そこで嘘をついても仕方ありませんから、採用実績はないと正直に書きます。するとこ、商談はそこで終わります。どこにも採用されていないミドリムシを買うわけにはいきません、**もし他社がミドリムシを採用したら、また来てください**。今日はお帰りくださいと言われるのです。

でも、初めてのものですから、それは仕方ないですよね。１社目、２社目、３社目、４社目、５社目、そういう思いで営業をしていました。

そうやって１００社くらい行けば、３社くらいは買ってくれるかもしれないと思っていました。実際に、１００社に電話して説明に行きました。１００社目の会社も他社が採用しないとダメだと言いました。いったい、何社行ったらいいのか。考えてもわかりませんから、またさらに営業を重ねます。

2006年の1月から2007年の12月までのちょうど2年間で、私どもは500社にミドリムシの営業に行きました。

500社に行くと、何社が採用すると思いますか。

答えはゼロです。500社行ってゼロなんです。これにはさすがに驚きました。**バングラデシュではカレーがお腹いっぱい食べられると知ったときと同じぐらいの衝撃**を受けました。

2007年の12月になって、鈴木と福本に話をしました。500社に営業に行ったけれど、採用実績はゼロ。そろそろ本格的にいいアイデアを絞り出さないと、絶対に2008年中に会社は潰れる。どうするかと問いかけたのです。

そのとき、ドアがノックされた

当時、私の役員報酬は月額10万円でした。鈴木と福本は月給15万円で頑張ってくれていました。

来年、危ない。その話をすると、福本が「わかりました」と言いました。「会社が潰れたら困ります。なので私は来年から、出雲社長と同じ月収10万円で頑張ります。だから会社が潰れるなんて、寂しいことを言わないでください」。

その気持ちは、とてもうれしいです。でも、15万円の給料を10万円にしたところで、毎月のキャッシュフローは5万円しか改善せず、２００８年に潰れることに変わりはありません。もっとましなアイデアはないのかとワーワー話していたときに、ドアがコンコンとノックされました。

そして、知らない人が入ってきて「**雑誌でミドリムシのことを見ました。我が社は非常に興味を持っているので、いろいろ教えてほしい**」と言ったのです。

その瞬間、私は**その人の携帯電話を奪ってでも番号を手に入れて、毎日電話しようと決めました。**この人に買ってもらえなければ、ユーグレナという会社は死ぬとわかっていたからです。

突然の来訪から半年後、その人から会社に電話がかかってきました。

電話の内容はこうでした。

先ほど終わった役員会で、ユーグレナのミドリムシを採用することになった。ついては、明日からは我が社がミドリムシの販売をする。この2年間、ほとんどミドリムシの研究を進められなかっただろうから、これからはしっかり研究してほしい。研究に必要な資金は出資する。

私はこのことを一生忘れません。やると言ってくれた501社目の会社は、伊藤忠商事という会社でした。

支援がつながる

伊藤忠は2008年の5月から、ミドリムシの販売を始めました。そのミドリムシは、私が2年間かけて500社にセールスしたミドリムシとまったく同じ、石垣島でつくったミドリムシです。私がセールスしたミドリムシは2年で1社も買いませんでしたけれど、伊藤忠が売りに行くと、めちゃくちゃ売れました。

「伊藤忠さん、今回はミドリムシですか。目の付けどころがいい」「そういう新しいものを待っていたんだ」と。とにかく、伊藤忠が持っていくとすぐ売れる。あるだけ欲しいと言われ、すぐにミドリムシがなくなってしまいます。

培養プールが足りなくなり、これ以上ミドリムシが生産できなくなると、伊藤忠の人は日立製作所の人を連れてきました。日立の人は、プールをつくれます。

さすが伊藤忠だなと話を進めました。日立は研究に必要なお金も出資してくれました。

その3カ月後にはエネオスブランドで有名な当時の新日本石油、今のJXの方がやってきて、農地を使わないバイオ燃料をつくらないと大変なことになる、ミドリムシなら砂漠でもつくれるのではないか?となりました。

そして日立とJXとの共同研究が始まりました(2015年3月終了)。

なお、この研究はJALとANAの要望を受けて始まりました。その後、ANAは株主になっていただきました。研究を進める中で、新たな事実も発覚しました。例えば、バイオ燃料をつくるには、巨大な培養プールを使わないと採算が取れなくなります。将来的には、当初想定していたよりも100倍以上大きいプールが必要になることがわかりました。

大きな培養プールをつくるには、ゼネコンの協力が必要になります。そのときは清水建設が名乗りを挙げてくださいました。

素晴らしい国、日本

電通という会社にも助けられています。今、私どもはいろいろなミドリムシ入り商品を手がけています。全国1万1000店舗のファミリーマート、5500店舗のサークルKサンクス、それから160店舗のイトーヨーカ堂で、ミドリムシ入りのヨーグルトや豆乳を売っていただいていますが、そういった商品のパッケージや皆さんにお配りするパンフレット、商品デザインを、電通がやってくれています。

これだけの会社がミドリムシを支え、応援してくれています。日本というのは本当に素晴らしい国です。私は、ミドリムシを通して、日本のいいところと悪いところの両方を体験したと思っています。**どこかが手を挙げないとどこもやらない。でも、伊藤忠が一緒にやってくれるとなったら、これだけの企業がこぞって一緒にやってくれる**のです。

最初のきっかけをつくってくれた企業のことは、一生忘れません。

私は毎朝、コーヒーを飲みます。最近はコンビニエンスストアで非常においしいコーヒーが飲めるようになりました。コーヒー好きの方は、お近くのコンビニでコーヒーを買われているでしょうが、私は雨が降っていて傘がなくてもできるだけ、伊藤忠が筆頭株主であるファミリーマートまで行ってコーヒーを買います。

私は今日、博多から羽田に帰ってきて、それから早稲田大学まで参りましたが、私の乗る飛行機は基本的にＡＮＡです。家のテレビは日立製です。何を申し上げたいのかというと、ベンチャーは、最初に手を差し伸べてくれた企業のことを一生忘れないということです。**ご恩は必ずお返しします。**

誰もやっていないからチャンスだ

当社は２０１２年12月20日に、東京証券取引所の新興市場、マザーズに上場いたしました。設立７年目でした。上場当時、会社の仲間は38人で、平均年齢は31・０歳でした。武器はミドリムシのみ。１０００万円で７年前にスタートしたミドリムシの会社が今、いくらかご存じですか。

１２００億円です。２０１４年12月３日に東証１部に市場替えをしました。

今日、この講義には大企業から来られている方が大勢いらっしゃると思います。お考えください。ほかの５００社と伊藤忠とは、いったい何が違ったのでしょうか。ほかの５００社は異口同音に「ミドリムシは誰もやってないからリスクだ」と断りました。伊藤忠だけは違いました。「ミドリムシは誰もやってないからチャンスだ」と判断したのです。

これから日本で生き残るのは、誰もやってないことをリスクだという大企業でしょうか、それとも誰もやっていないことをチャンスだという大企業でしょうか。

今、いいベンチャーはたくさんあり、たくさんのいい技術があり、たくさんのいい若者がいます。その中には、採用実績がないからダメだ、リスクがあるからやらないと言われているものや人もあるでしょう。

どうか皆さん、**若者のアイデアを形にするんだという前向きな視点で、皆さんの経験と見識をご活用ください。**そうすれば、日本は必ずもう一度復活します。でも「前例がない」「リスクだ」と皆さんがおっしゃっていたら、未来の日本は暗いでしょう。日本が暗くなるのは、ベンチャーの責任ではなく、大企業の責任です。

どうか大企業にお勤めの皆さん、ミドリムシにとっての伊藤忠商事になってください。

最後に、皆さんと共有したい、ミドリムシに教わったことをお話しします。

ベンチャー、アントレプレナーに最も必須の素養は何かと聞かれれば私は必ず、それは**1番にこだわることだ**と答えるようにしております。

そのビジネスは富士山か

日本で一番大きい湖は琵琶湖、日本で一番高い山は富士山。それは誰でも知っていますよね。世界で一番大きい国はロシア。一番大きい島はグリーンランド島です。

では、2番はどれぐらいの方がご存じでしょう。

日本で2番目に大きい湖は霞ヶ浦、世界で2番目に大きい国はカナダ、世界で2番目に大きいのはニューギニア島です。

では日本で一番高い山・富士山の次に、2番目に高い山は何といいますか。

正解をご存じの方は遠慮なくおっしゃってください。これだけたくさんの方がいらっしゃれば、ひとりくらいはご存じのはずです。

はい、そちらの方、どうぞ。

学生　北岳。

なぜ正解をご存じなんですか。

学生　僕は山梨出身なので。

ありがとうございます。日本で2番目に高い山をご存じの方は、たいてい、山梨出身の方か、山登りがお好きな方です。先日は都内の高校で、同じ質問をしたら「それは南アルプス市にある北岳という山だ」と答えた男子生徒がいました。場所まで知っているので、山岳部ですかと尋ねたら、彼はその高校のクイズ研究会の会長でした。

ここで私が最もお伝えしたいことは、日本で2番目に高いにもかかわらず、普通の人は北岳のことを知らないということです。**山梨県民と山登りが好きな人とクイズ研究会の会長しか知らない**のです。

今日はおそらく皆さん全員、スマホをお持ちだと思います。ヤフーでもグーグルでもフェイスブックでもツイッターでも、何でも結構ですから、富士山と入力して検索して何件ヒットするか調べてみてください。そしてその直後に、北岳と入力して何件ヒットするかを調べて、比べてみてください。

富士山は入山料を徴収するようになりましたが、相変わらず人気です。では皆さんは、お金を払ってでも、北岳に登りにいきたいと思いますか。同時にお考えください。**皆さんが取り組んでいるビジネスは、研究は、富士山ですか。それとも北岳ですか。**

北岳にはお金を払ってまで登りたくないでしょう。それはつまり、2番手は誰からも見向きもされないということです。山ですらそうです。**どんなにニッチな分野でも、1番で**

なければ価値がないと判断されるのです。

さて、あなたはたまたまミドリムシで1番になれて良かったですねと思う方もいるかもしれません。世の中には1番を目指しても1番になれない人だって大勢いるのにと思っている方もいるかもしれません。そういう方に、なぜ1番を目指せないのかとお尋ねすると、大抵の方が3つの理由を挙げられます。

3つの「できない理由」を捨てよう

まず、自分はお金持ちではない。人を雇うにも、研究をするにも、自分がやっていることをアピールするためにも、お金がかかる。だからお金持ちじゃないと1番になれないというわけです。

それから、自分は特別な教育を受けていないし、才能もない。自分は何々高校だから、何々大学だから、だから1番にはなれないと言います。

その上で、コネがない人は1番なんて目指さない方がいいとも言います。実はそのコネこそが最も重要で、3つが揃っていない人に1番になれと言うのは無謀だと。

最近も、別の大学で講義をしたときに、非常に勇気のある学生が手を挙げてそう反論してきました。しかし、ここで今日の私の最初の話を思い出してほしいのです。

私の家は多摩ニュータウンの団地で、父親は普通のサラリーマンで、母親は専業主婦です。平凡な中流家庭で育ちました。ミドリムシの会社を立ち上げるために必要なお金も、特別な才能も、大手総合商社に対するコネもありませんでした。それでも、ミドリムシで1番の会社をつくることができました。

ですから、先ほどの3つは、1番になるために本当に必要なものではないのです。1番になるために本当に必要なものは何か。それは、ミドリムシが教えてくれました。**たった一度の挑戦で成功する可能性は低い**です。うまくいく可能性は1%、ということはうまくいかない可能性は99%ですから、ほとんどの人が挑戦しません。

では、2回挑戦したらどうなるでしょう。2回続けてうまくいかない可能性は、0・99の二乗で98・01%となり、成功する確率は1・99%に上がります。

3回、4回、5回と繰り返すと、成功の確率は4・9%まで上がります。100回繰り返すと、63%になります。そして**459回目に、1回目と数字が逆転します。成功の確率が99%を超え、失敗の確率が1%を下回ります。**

1000回やれば1番になれる

私は会社で「本当にやったの?」と口を酸っぱくして言っています。特に成功率が1%のようなものは大抵「やっていない」と返事が返ってきます。その理由を聞くと「ウィキペディアにうまくいかないと書いてありました」などと言うんですね。

でもそれは、459回やらずに出した結論ですよね。できないと言っているほとんどの人が、459回やらずにそう言っているのです。

私はお金持ちではなく、特別な才能もなく、大手企業に対するコネクションもありませんでしたが、501社目の伊藤忠が助けてくれました。

ミドリムシの大量培養液を2005年の12月16日に**発明するまでには、1000回以上、実験しました。**これまで、1000回やる人がいなかったのでしょう。1000回やれば、お金持ちじゃなくたって世の中で1番になれる。これが私がミドリムシから学んだ最も大切なことであり、今日、共有する価値のあることだと思ってお話しいたしました。

成毛チェック！

出雲充さんがユーグレナをつくったのが2005年、最初のセールスが2006年。そしてIPOが2012年、設立から7年目ですね。ちなみにアメリカのマイクロソフトは1975年の設立で、1981年にIBMパソコンが出て、1985年にウィンドウズOSが出て、翌年IPOへ。設立から10年です。

大きな会社は最初から大きかったような、急成長した会社は最初から順風満帆だったような、ついそんなイメージで捉えがちですが、大いなる勘違いです。

新しいことに挑めば、それを世に認めてもらうまでの時間が必要で、そこに至るまで、自分たちが信じてやっていることをひたすら信じて、踏ん張る情熱が必要です。

面白いアイデアを考えつく人は結構います。そのうち、実際にやってみる人も、少ないながらいます。しかし、それが成功するまでやり切る人は本当に少ない。

出雲さんによれば、500回、1000回の「うまくいかない」は、「うまくいく」に続くステップだという。

さて、あなたが何かを諦めるまでに経験した「うまくいかない」は、何回でしたか。

出雲充にさらに迫るQ&A

Q

ミドリムシの大量培養は、今後、模倣される可能性もあると思います。そこはどのようにブロックされているのですか。（辻 直樹）

上流と下流と2カ所で競合優位性を保とうとしています。上流とは、ミドリムシをどうやって培養するかということですが、培養液はどういう成分なのかが肝心です。**特許は申請していません**。理由はシンプルです。ケンタッキーフライドチキンの香辛料やコカ・コーラのレシピは特許で守られているわけではありません。これらは、リバースエンジニアリングができないからです。どれだけケンタッキーのチキンやコーラを食べたり飲んだりしても、味は再現できません。

特許が必要なのは、再現される可能性があるもの。たとえばｉＰｈｏｎｅは分解すれば構造がわかりますから、それは特許で守らなくてはなりません。

ミドリムシの培養液は、**成分はわかるかもしれないけれど、どういうプロセスでつくるかまではわかりません。**だから、こういうものは特許で守る必要はありません。ただ、下流の方は特許で守っています。それが必要だからです。

Q

ミドリムシで1番になれるという確信はどこで得ましたか。（鹿児嶋　隆史）

非常にいい質問をいただいたと思います。私が、ミドリムシで行ける、全力で事業化しようと思ったきっかけは、ありません。逆です。大丈夫だろうか、こんなにいい子たちなのにどうしてうまくいかないんだろうかと、今でも毎日思っています。**いけると思ってやってきたものではない**んです。

ただ、やっているうちに、ミドリムシを続けていこうと決めた瞬間ははっきり覚えています。2006年夏、会社に大阪の学校の先生から電話がかかってきたときです。電話は私が取ったのですが「社長を出せ」と言われ、これは怒られるに違いないと思って「社長は外出しています」と言ってしまった。

そして、何を言われるのかと思っていたら「ミドリムシは素晴らしい、試してみて体調が良くなった。**直接、社長にお礼を言いたくて電話をした**」と言われました。先にそう言ってほしかったですね。いまさら私が社長とは言えませんから「では、社長に渡したいので、今のお話をファクスで送っていただけますか」とお願いしたら、すぐに送っていただけました。**そのときのファクスは、毎日、かばんの中に入れて持ち歩いています。**

新しいことを立ち上げた人を見ていて、私が最ももったいないなと思うのは、ひとりも喜んでくれる人を見つけられないまま、撤退してしまうことです。

Q

出雲さんが影響を受けた漫画は何ですか？（内藤 友規）

ミドリムシでの世界救済には、鳥山明さんの『**ドラゴンボール**』の、これを食べればほかに何も食べなくていいという『仙豆』から大きなヒントを得ています。

漫画の話をもうひとつしますと、『こちら葛飾区亀有公園前派出所』の85巻、『**ザリガニ合戦**』がおすすめです。

両津さんが、スルメを棒の先につけてザリガニを釣るというシーンが出てきまして、当時小学生だった私は、弟と友達と3人で、スルメを持ってザリガニを釣りに行ったのですが、全然、釣れませんでした。

釣れないのでいろいろ試した結果、さけるチーズでは入れ食いでした。チーズというのは非常に低分子のアミノ酸ですから、簡単に浮遊し、非常に広がるので、ザリガニはアミノ酸の固まりが身近に来たことはわかるわけです。でも、スルメが来ても気がつかないのです。

できると書いてあることをその通りにやってみたが、その通りにならなかったという体験を、ここでできました。

Q

社員にもミドリムシ愛を求めていますか。（片山 牧彦）

まず、私たちの会社には社員はいません。どの書面にも社員という言葉は使っていません。**会社にはミドリムシの仲間しかいない**のです。

その上で、仲間にミドリムシ愛を求めるかというと、それはありません。結果としてミドリムシが好きだという人が仲間としてジョインすることはあります。それが半分くらいです。**全員がミドリムシを熱狂的に好きというわけではありません。**

ただ、**難しいことをやりたい、初めてのことをやりたいという思いと、何かしらのスキルを持っているプロフェッショナル**です。新しくて難しいことをやるなら、俺が私がやった方がいいだろうという自信を持っている人が集まってきているのが、ユーグレナという会社です。

Q

そもそも、どうやったらやりたいこと、やるべきことを見つけられるのでしょうか。起業は充実感もあるでしょうし、僕も起業をしてみたいのですが、なかなかやりたいこと自体を見つけられないでいます。（横田　孝俊）

であれば、起業しない方がいいです。いいことないですよ。ユーグレナが上場したとき、マーケティング担当者の福本にようやく、月給15万円でどうやって暮らしていたんだと聞きました。福本はマーケティング担当者ですから、お付き合いもあるわけです。彼は、消費者金融から限度額いっぱいまでお金を借りていました。私はそれを知りませんでした。

要するに、どうなるかもわからない、うまくいく可能性が圧倒的に低いことを、充実感のためだけにやるなんて、恐ろしくて勧められるものではありません。**勧める人がいれば、**

無責任だと思います。

それに、全員が起業したら社会はまったく維持できなくなります。起業しなくても、充実感を得られる瞬間はあります。無理に起業をお考えになる必要はないと思います。

成毛チェック！

出雲さんのお話を聞き終えて、何やら感慨深いものがあります。最初に会った6年前も、ミドリムシについてひたすらに熱く語る男でしたが、今のような滑らかな語り口ではありませんでした。情熱溢れるあまり、ともすれば思いが先走る。それを「面白い」と思った私のような者もいれば、ウザいと遠ざけた人もいたでしょう。

今日の聞き手を惹きつけて離さない話しぶりもまた、数多の「うまくいかない」を乗り越えながら身につけたものだと思います。いわゆる話し方のマニュアルを真似るだけでは、こうはならない。物言わぬミドリムシに代わってその素晴らしさをあらゆる人たちに全力で話し、様々な反応を受け止め、工夫を加えていく。そうした積み重ねをいとわぬ姿勢こそが、出雲さんの強みだと思います。

第 3 講

「NewsPicks」と「SPEEDA」で非合理に挑む

梅田 優祐 ユーザベース代表取締役共同経営者

感性とビジョンを武器に「非合理」を撃ち抜く

梅田的仕事学
3つのポイント

❶ 80歳の自分が後悔しないように、ハピネスを追求する

❷ 0から1を生むのは感性。五感を常にフル稼働させよ

❸ 世界のどこでもためらわずに行き、その場で決定する

梅田 優祐（うめだ・ゆうすけ）

1981年生まれ。2004年、横浜国立大学を卒業。コーポレイトディレクション、UBS証券投資銀行本部を経て、2008年に株式会社ユーザベース（UZABASE,INC）を設立し、代表取締役共同経営者に就任。産業、企業分析のための経済情報プラットフォーム「SPEEDA」と経済に特化したニュースプラットフォーム「NewsPicks」を展開。東京、シンガポール、香港、上海に拠点を構える。……ユーザベースは知識社会をリードする人材とテクノロジーを組み合わせ、革新的な経済情報サービスを開発していきます。「SPEEDA」は企業・産業分析を行うすべてのナレッジワーカーのための情報プラットフォームです。世界180カ国をカバーした企業の財務、株価データ、550を超える業界動向のほか、統計データ、経済ニュースなど、あらゆる経済情報を一括取得できます。「NewsPicks」は経済情報に特化したニュースキュレーションサービスです。ビジネス情報における「不合理」を解決することを目指しています。

1981年	米国ミシガン州に生まれる
2004年	横浜国立大学経営学部を卒業
	コーポレイトディレクション入社
2007年	UBS証券投資銀行本部入社
2008年	ユーザベース設立。代表取締役共同経営者就任
2009年	企業・業界情報プラットフォーム「SPEEDA」始動
2012年	SPEEDAが世界120ヵ国の企業情報をカバー
2013年	海外拠点を設立（上海、香港、シンガポール）
	ソーシャル経済ニュース「 NewsPicks」開始
2014年	独自記事を作成するNewsPicks「編集部」設立

論理だけでは、新しいものは生み出せない

ユーザベースには今、「SPEEDA」と「NewsPicks」、2つの主力のサービスがあり、これを約160人のメンバーで運営しています。この会社の特徴のひとつは、共同経営という形を取っていることです。社長は私ひとりでなくて、新野良介（代表取締役共同経営者）も社長です。彼は今、シンガポールに住んでいます。ユーザベースの海外展開は彼が全部を担っています。

私と新野はもともと、UBS証券投資銀行本部時代の同僚です。どちらも転職組で、彼は三井物産から、私はコーポレイトディレクションというコンサルティングファームから転職しました。新野自身は私より4つ年上ですが、転職のタイミングが一緒だったので、最初の出会いは、研修で隣の席に座ってエクセルを教え合うというものでした。

それから、ユーザベースには稲垣裕介（取締役COO）がいます。彼は今、うちの技術を全部見ています。彼とはかなり長い付き合いでして、高校1年生のときに出会いました。

稲垣の「い」と梅田の「う」で、席が前後ろだったのです。稲垣は無口で、本当に全然しゃべらない。名簿順で前後にでもならなければ話す機会がありませんでした。当時はその寡黙な稲垣が人生のパートナーになるとは思っていなかったので、どこに出会いがあるかわからないものです。

実質的にはこの3人でユーザベースを共同経営しています。合議制です。2008年に設立して以来、**3人のうちの誰かが反対したことを選択したことはありません。**

その非合理を黙らせろ

そもそもユーザベースをなぜ立ち上げたのか。これには大きく2つの理由があります。

1つ目は本当に単純な理由です。**とにかく目の前の非合理を解決したい**と思いました。UBS証券への転職前、たまたま書店で『ウォールストリート投資銀行残酷日記』という本を見つけて、心の準備も兼ねて読んでみることにしました。ニューヨークを舞台にした本なのですが、残酷というその名の通りのひどい生活が描かれていました。

大げさに書いているんだろうと思ってUBS証券へ入ったら、描かれていた通りの生活が待っていました。つまり、朝から晩まで帰れない。休日にゴルフの18ホールでティーを打とうとしたときに呼び出されて出社したこともあります。その前のコーポレイトディレクション時代はさらにひどかったです。**徹夜3日目にオフィスで「地震だ！」と叫んでしまったことがある**のですが、それはただ自分が揺れているだけでした。

仕事自体は**エキサイティングでした。ただ、とても非効率**なことをしているんじゃないかということは日々、感じていました。

僕は1981年生まれで、グーグルの誕生に立ち会った世代です。学生の頃に初めて触れたグーグルに感動して、あんなシンプルな検索ボックスにキーワードを入れるだけで、世界中の情報に簡単にアクセスできることに、とても感動しました。

にもかかわらず、仕事になった瞬間に、気合と根性の世界です。なぜ、こんな非合理的なことがまかり通るのか、**BtoCの世界のグーグルのようなプラットフォームがあれば、この世界の仕事も劇的に変わる**のではないかと思っていました。

そう思いながら、国会図書館に行って大量の資料をコピーしてタクシーで持って帰る日々を送り、革新的な情報プラットフォームをつくれないかを考えるようになりました。

それが始まりです。ただ最初は、UBS証券のシステム部隊に提案をするぐらいのつもりで、起業はそれほど頭にありませんでした。

考えているうちに、これはUBS証券だけの問題ではないと気がつきました。ゴールドマン・サックスも、マッキンゼーも、それから僕が昔いたコーポレイトディレクションも同じはずです。他社の友達に聞くと、やはり同じような問題を抱えていました。日本だけでなく、UBS証券のロンドンオフィス、ニューヨークオフィスの同僚も同じです。ただ、みんなその非合理を当たり前だと思って仕事をしていました。

であれば、UBS証券の社内システムをつくるのではなく、**すべての人が使えるようなプラットフォームにしたらいい**のではないか、起業してやるかという風にだんだんと僕の気持ちも高まっていきました。

信頼できる仲間と人生を賭けて

理由は2つあるとお話ししました。もうひとつの理由は、ハッピーに働きたいというものです。こう言ってしまうとUBS証券のときが全然ハッピーでなかったように聞こえるかもしれませんが、あれはあれでエキサイティングで、全力で仕事をしている感覚がありました。

ただ、**80歳になって、僕は本当に人生のハピネスを追求したのか振り返ったとき、自信を持って追求したとは言えないい**のではないかと思いました。

下っ端ながらも仕事が少しずつできるようになってきて、理想の生活とは、理想の人生とはということをどんどん考えるようになっていたんですね。会社とは何なのかも考えるようになっていました。ちょうど、27歳の時でした。

過去を振り返り、僕自身のハッピーとは何なのかも考えました。

僕は大学時代に田舎から横浜へ出てきたのですが、そのときに、自分から周りに話しかけたら負けだと思っていて、話しかけなかったんですね。そうしたら、周りにはグループができているのに、どこにも入れなくて、友達が全然いない大学生活を送りました。何かに熱中することもなく、ほかにやることもないから世界中を放浪するだけでした。

では高校時代はどうだったかというと、高校の時も特にないんです。小学校からやっていた野球も、野球部に入部して1カ月で辞めてしまいました。これは人生最大の後悔です。辞めた理由は、遊びたかったから。でも、田舎の高校ではたいした遊びもなくて、コンビニの前に友達とたまって話をして終わる一日を続けて、3年間が終わってしまいました。

中学の時はどうかというと、これも特にない。小学生のときは仲間たちと一生懸命野球の練習をして、試合に勝っても負けても泣いていました。このときが一番楽しかった。

そう思うと、**僕の人生のピークは小学生のときだったのか**と恐ろしくなりました。そして、大人って怖いなと思いました。本気で怒ることも泣くこともなく、いろいろなことで妥協し諦め、なんとなく毎日を過ごすのが、残りの自分の人生なのかと。

だから、小学生のときに出会った野球のように、**人生を賭けられるものを、信頼できる仲間とやることが僕のハピネス**だなと思いました。

ですから、仮に世界中のビジネスパーソンがユーザベースのプラットフォームを使って、生産性が圧倒的に上がって創造性が高まっても、ユーザベースのメンバーがみんな疲弊していて、どんどん辞めていって、ぼろくそに悪口を言っているようでは、ハッピーではないですから、なぜユーザベースをつくったんだと後悔するでしょう。

ですので、青臭いのですが、非合理の解決とハッピーに働く、この2つを同時に達成できるような会社をつくろうと、新野と稲垣と3人で、最初に話し合って明確にしました。

7年間、これはずっとぶれていません。目の前の非合理を解決したいという思いは、今、「世界一の経済メディアをつくりあげよう」という言葉になっています。

絶対に仲間割れする

2008年、7人のメンバーでユーザベースはスタートしました。場所は東京・品川の

12畳のマンションです。品川と言っても埋立地の方だったので、周りにはサイゼリヤとすき家しかなくて、これが本当にきつかったです。そこで、ご飯当番を決めて、自炊しながら名実ともに寝食を共にして、最初の1年間を過ごしました。

このときから、登記上は2人ですが、事実上3人の共同代表制をとっています。

創業時にお世話になった方からは、3人の共同代表制なんて絶対にやめろと言われていました。7人中3人が社長なんて聞いたことがないし、絶対に仲間割れする。**お前たちは教科書の失敗論を地でいっている**と。

しかし、僕たちは何の上下関係もなく、3人で一緒にやろうと始めたので、会社にするときに上下関係ができることに違和感がありました。

2つだけルールを決めました。1つ目は、**3人はお互いをクビにできる権利を持つ**ということです。何でも合議制で決めるのですが、もしも僕が新野に「お前は経営者としての責務を果たしていないから辞めろ」と言ったら、新野は絶対に辞めなくてはならない。そう決めました。

もうひとつは、1年目の途中に追加したルールで、**思ったことは何でも話し合う**ということです。これをルール化して本当に良かったと思います。

最初の1年、3人はものすごくケンカしました。UBS証券で働いていたときにはまったくケンカしなかったのに、なんでこんなにケンカするのだろうと思うほどでした。最初のきっかけは稲垣です。朝、来なくて、必ず昼出社なんです。それに段々と腹が立ってくる。次に、トイレが汚いことに腹が立ってくる。こういう小さなことが蓄積し、それが互いへの不信感になる。人間は怖いと思いました。**夢を描いて始めたのに、毎日ケンカ**して、ネガティブな感情が大きくなりました。

特にケンカしていたのは僕と、僕から見ると目線の低い稲垣で、1週間一度も口をきかなかったこともありました。今考えれば何をそんなに怒っていたのか思い出せないほどなのですが、**7人しかいない部屋で会話をしないという異常な事態**になっていました。

1週間の最後の日、僕は稲垣を新橋の和民に誘いました。そこで思っていることを全部ぶちまけることにしたのです。どうせ仲違いしたらユーザベースの将来はないわけだしと割り切ってのことでした。

そうしたら、席に着くなり稲垣が1枚の紙を出してきました。そこには、ユーザベースをこうしていきたいということが書いてあって、**あれ、目線、めちゃめちゃ高いじゃん**と思って、そのときに言おうと準備していたことが、全部、消えてしまいました。

何だ、コミュニケーションを取っていなかっただけで、稲垣はこんなことを考えていたのかと。それはそのはずです。稲垣も会社を辞めて、自分の財産を会社の資本に入れているわけですから。

そのときに、互いに何でも言い合おう、何も言わないのは不満がない証拠だ、というルールを決めました。これによって、どんなに小さなことでも言わないとならなくなりましたが、**何も言っていないなら絶対に不満がないのだなとお互いにわかる**ので、信頼関係を築けるようになりました。

言いたくても言えない。それはたいてい、こんなことを言ったら俺は小さい男と思われてしまうと恐れるからなのですが、それでも絶対に言うことにしました。

レポートのサポートをすべて

ユーザベースが最初につくったサービスは「SPEEDA」です。法人向けのネットサービスで、IDを有料で販売しています。IDとパスワードでログインしたら、あとはグーグルを使うようにして検索します。

例えば、カジュアル衣料の業界について調べたければ、検索窓に「カジュアル衣料」と入れると、その業界の概要、ビジネスモデル、世界の市場規模、主要企業の店舗数などが、ウィキペディアのように表示されます。

このデータを企画書や提案書に使いたければ、ダウンロードしてください。チャート編集という機能で、これまでIRの資料を見てエクセルに打ち込んでいっていた作業を、完結できます。もちろんグラフは色や形を変えられますし、フォントも変更可能です。SPEEDAで作業をした結果はエクセルに変換できますし、グループ共有も可能です。**ただデータを提示するだけでなく、ワークフロー全体をサポート**するサービスです。

なおかつ、我々は今、グローバル展開していますので、マレーシアのカジュアル衣料市場について知りたければ、トッププレイヤーは誰で、市場規模はどれくらいなのかもすぐに出てきます。中国について知りたければ、中国のところをクリックしてください。

すべて、ワンストップで参照できます。各国の経済産業関連の省庁のサイトや、民間調査会社を当たらなくても揃います。

データを扱う仕事をしている人はわかると思いますが、どんなデータも原本を確認するのが基本です。**確認は面倒な作業ですが、SPEEDAならクリックひとつで**できます。

特定の企業についてのレポートも半自動で作成します。SPEEDAのカバー範囲は今、世界中の上場企業とアジアの非上場企業です。

企業についてのレポートづくりは、僕がUBS証券に入ったときの最初の仕事でした。例えばファーストリテイリングについてまとめるには、会社四季報やIRの資料を見て手で打ち込んでいました。しまむらについて調べるときも、同じことを繰り返します。これはテクノロジーの力でなんとかならないのかと思っていたので、細かい一つひとつの作業を楽にすることを積み重ねてSPEEDAをつくりました。

天才プログラマがやってきた

つくりましたと言いましたが、最初はつくれる人がいませんでした。

稲垣はもともとアビームコンサルティングでデータベース系のシステムエンジニアをしていました。だから、そこには自信があって、アプリケーションサイドについても、勉強すればそのために必要な言語であるJavaなんか覚えられるというので、始めたのです。

ところが、起業して1カ月くらいしたときに、稲垣が「ちょっと話がある」と。そして**「やっぱり俺、Javaできないわ」と言ったんです。マジかよ**と思いました。

稲垣はデータベース側の開発で手一杯。誰もつくれる人がいない。これが最初の大きな誤算でした。僕自身も金融機関の出身ですから、プログラミングは縁遠い世界です。ただ、楽天の三木谷浩史さんも、最初は自分でプログラムを書いていたと聞いていたので、本気になれば僕でも絶対にできるはずだと思いました。

自分でやろう。そう考えてＪａｖａの本を開いてみたのですが、すぐにやっぱり**無理だと思いました。そう思ったときから、プログラマを探すのが最大の仕事に**なりました。

最初は、外部のシステム会社に仕様書を持っていっていたのですが、上がってくる見積もりは、最も安くて３０００万円、高くて５０００万円。

一方で、ユーザベースの軍資金は３３５０万円です。リーマンショック前のＵＢＳ証券は非常に調子が良かったので、僕はもらったボーナスの１０００万円をそのまま会社に入れました。新野も同じです。稲垣は日系企業の会社員だったので、なけなしの３５０万円を入れて、それで２３５０万円。あとは銀行からの借り入れの１０００万円です。

その状態で３０００万円をつぎ込んだら、給料は出ないし、家賃も払えなくなります。困っていると、Ｊａｖａは書けないけれどとても人望のある稲垣がエンジニアを集めてくれ、それから、彼のつてをたどって、竹内秀行（現・イノベーション担当執行役員）に出会うことができました。

竹内は当時、東京工業大学の学生でしたが、怪しかったです。最初にオフィスにやってきたとき、彼は**作務衣姿に下駄履き**でした。これは絶対におかしいと思いました。こちらが話をしても、彼は僕の目を見ずに、ずっと右上を見ている。強烈に怪しいんです。

ただ、噂によると天才プログラマということなので、天才プログラマってこういう感じなのかなと思いましたし、それに、彼に頼るほかに選択肢がありませんでした。

竹内はすでに自分で会社を持っていて、受託でプログラミングの仕事をしていて、学生なのに品川の高層マンションでひとり暮らしをしていました。

我々が提示した金額は月々10万円です。話が終わると、竹内が「**あなたたちは困っているようなので、助けてあげます**」と言いました。怪しい学生にそんなことを言われるとはまったく思っていなかったのですが、「お金には困っていないので、金額もそれでいいです。ただ、SPEEDAが**うまくいったら、いつか返してください**」と右上を見ながら言ってくれた竹内にすべてを賭けました。

仕様を無視して上回る

最初のSPEEDAの骨格は、彼が中心になってつくりあげました。本当に天才プログラマでした。ただ、彼はアンコントローラブルなんですね。会議が朝10時からだったとしても、彼は夕方に来ます。僕と稲垣の仕事は、毎日彼の書いたコードをチェックして、管理することになりました。すると、竹内はどんどん楽しくなくなってきて、パフォーマンスが落ち、ある日、僕は竹内から1通のメールをもらいました。「**ついていけないので、距離を置きたい**」、なんだか女の子からもらうようなそのメールを境に、竹内は会社に来なくなってしまいました。

反省しました。才能があるのに、それを生かせなかったことを猛省し、それから、**個性を生かすこと、自由な働き方を認める**ようになりました。なんとか竹内に戻ってきてもらって、縛ったらどうせいなくなるのだからと、とにかく自由にしました。

すると彼は、僕が書いた仕様書を無視して、それよりもとてもいいものをつくってきました。これだと思いました。こうやって一人ひとりの才能、クリエイティビティーを最大限発揮できる組織にすることが、ユーザベースの強さになると気がつきました。

ですから、**とにかく自由にするというマネジメントをすべき**で、それが創業時に掲げたハッピーに働くということにつながると思いました。

つくる人がいないという問題は、竹内によって解決しました。ただ、もうひとつ問題がありました。コンテンツが手に入らないということです。いくら器をつくっても、中に入る財務や統計のデータがないと、商品として価値がありません。

ビジネス情報の世界は、大企業の寡占市場です。世界ではトムソン・ロイター、ブルームバーグ、ダウ・ジョーンズ、ファクトセット、キャピタルIQというこの5社が高いシェアを持っています。日本で財務情報をデータベース化している会社は数社しかありませんので、データの提供を全社に断られたら、ジ・エンドです。

データとビジョンを

最初に接触したのはデータをいろいろなところに卸している会社です。僕もUBS証券時にデータの価格をその会社に問い合わせたことがあって、それが1000万円くらいだったので、意外と安いなと思った記憶があります。

ところが、いざその会社に問い合わせると、1000万円というのはエンドユーザーにデータを提供する場合の価格で、あなた方のような業者に提供する場合は3000万円ですよと言われてしまいました。僕の事前リサーチ、なんて甘いんだろうと思いました。

それでもなんとか、別の会社からデータの提供を受ける話が進みました。株も渡すなどして、契約締結に向けて話を詰めていったのですが、最後の最後でその契約が破棄されてしまいました。そのデータの型に合わせて8割近く開発を終えていたシステムをゼロからつくり直さなくてはならなくなったのです。

2008年10月、11月。この頃が一番、先が見えない時期でした。当時、社外取締役だった方からは、一度会社を畳んだ方がいいとアドバイスされました。とても心配をしてくれる方で、それだけにそのアドバイスは堪えました。こんなところで諦めなくてはならないのかと、僕と新野と稲垣は、品川のルノアールで、この先をどうするか話をしました。

このとき、**誰もやめるとは言いませんでした。**

ビジョンは大事だなと思います。僕は大学生のときに『ビジョナリー・カンパニー』という本を読もうとしましたが、きな臭い本だなと思って、最後まで読み通しませんでした。それくらい、ビジョンというものを信じていませんでした。信じていなかったのですが、**諦めるか続けるかの瀬戸際に立たされたとき、思い出されるのはビジョン**でした。

UBS証券で働いていたとき、すごく困ってたよな、グーグルみたいなサービスがあれば絶対に世界が変わると思ったし、それはロンドンオフィスのあいつもニューヨークオフィスの同僚も思っているはずだ。求めている人は一杯いる。世界一の経済情報プラットフォームをつくればそれに応えられると、**完成型の世界を想像することが支えになりました。**

こういったビジョンなく、お金を儲けたいから、起業したいからと起業することを否定しませんが、そういう人たちが大変な時期に何をよりどころにしているのか、不思議です。柱になるのはビジョン。これは『ビジョナリー・カンパニー』に書いてあることで、その大切さに気がついたのは、読むのを投げ出して8年くらい経ってからでした。

動かないモックと青臭い仲間と

具体的に僕を勇気づけてくれたのは、技術チームが作ってくれたプロトタイプ版SPEEDAです。完全には動かないモックがあって、それを夜中に触っていると、やっぱりこれ、絶対欲しいと思いました。**ビジョンを具現化したものが目の前にあることで、喉から手が出るほど欲しいものをちゃんとつくっているのだと実感**でき、勇気をもらえました。

それから、苦しいときに支えになったのは仲間です。青臭いですし、それにこれも『ビジョナリー・カンパニー』に書いてあることでもあるのですが、**最初に決めるべきは誰と一緒にバスに乗るか**なんです。このメンバーの人選が間違っていると、勝てる試合にも勝てません。僕は本当に仲間に恵まれて、それが大変だったときの大きな支えになりました。

そんなこともあって、品川のルノアールで行けるところまで行こうと決めて、それで、その場でデータを提供してくれる可能性のある大手シンクタンクに電話をしました。

その大手シンクタンクには、レベニューシェアを提案しました。つまり、最初は1円も払わないけれど、データを提供してくださいというわけです。その代わり、SPEEDAのIDが売れたら、そのうちの何%をお返ししますというモデルを提案しました。当然、なかなかのんでいただけません。データは一度提供したらいくらでもコピーできるので、この業界の商習慣は、固定費・前払いです。

しかし、大手シンクタンクの担当者の方が社内稟議を通してくれまして、1円も払わないまま、すべてのデータを配信してもらえることになりました。その方は我々の恩人のひとりです。何とかコンテンツを手に入れることができました。

そこから開発を再開しました。ただ1年もの間、プロダクトをリリースできていなかったので、あと3カ月で資金がショートするところまで追い込まれていました。3カ月と言っても、家賃は1カ月滞納しても大丈夫じゃないかとか、そこまで計算しての3カ月ですから、**開発が終わるのが先か、資金がショートするのが先か、時間との戦い**になりました。

無計画男にミルク代を

ちょうどこの頃、僕に子どもが生まれることになりました。社内で僕は無計画男と呼ばれていたのですが、まさにその通りです。結婚はすでにしていて、当時は嫁に完全に食わせてもらっている状況でした。彼女は服がとても好きなのでアパレルの仕事をしたかったのですが、食うために安定した仕事をしてもらっていて、僕は彼女の会社の社長に手紙を出してまで扶養家族に入らせてもらっている有様でした。

嫁からとても明るい声で「子どもができたかもしれない！」と電話があったとき、僕は徹夜明けでテンションが低いことも重なり、すぐに喜べなくて「え？」という感じでした。息子には申し訳ないのですが、それが率直なところです。

資金は3カ月後に完全にショートする、10カ月後には必ず子どもが生まれている。この状況で、社内ではみんなが梅田の子どものミルク代を稼ごうと言ってくれて、最後は全員が会社に泊まり込んで、２００９年5月に、初代版ＳＰＥＥＤＡをリリースしました。そういう事情があって無理矢理リリースした格好なので、自分たちでも全然売れないだろうと思うような、中途半端なプロダクトでした。早くリリースするために機能を削り、コンテンツを削りとやっていった結果でした。

当然、爆発的に売れるはずもありません。それでもどうしてもキャッシュをつくらないとならないので、頭を下げて、ある食品会社にＩＤを３つ買ってもらいました。ここが最初のお客さんです。なぜその会社かというと、新野の知り合いが社長だからです。同情を利用していますよね。お世話になった人たちに恩返しをしたいのに、やっていることは、まだ不完全で役に立たないシステムを同情で1IDでも買ってくださいと、知り合いの人たちに頭を下げて頼んでいるわけですから。

僕たちが最初に登ろうとしていたのは、小さな山でした。世界一の経済メディアになろうとはしていましたが、最初に市場として目をつけたのは、コンサルティング業界とプライベート・エクイティ・ファンド業界で、この2つに絞っていました。どちらも、10社くらいしかない業界です。市場としては本当に小さいのですが、小さいからこそ、彼らは既存のサービスに満足していませんでした。その小さな市場だけに向けたサービスをつくれば、まずは小さな1つ目の山を登れて、そうしたら次のチャレンジができるのではないかと思ったのです。

それ、ちょうど開発中です

その小さな市場から、朝起きたときに注文が入っていないか、期待を持ってメールボックスを確かめるのですが、当然、そんなものは入っていません。そこでいろいろと営業をしていく中で、だんだんと手応えを得られるようになりました。

今もよく覚えているのは、あるファンドへの売り込みをしたときのことです。そのときは3社によるコンペでした。我々のシンプルなUIは評価していただきましたが、財務スクリーニング、例えばROEが10%を超える企業だけを抽出する機能がありませんでした。基本機能なので、さすがにそれがないと使えないと指摘されて、僕は反射的に「ちょうど開発中なんです。**1週間待ってください。それを見て判断してください」と言っていました。全然、開発中じゃなかったんですけど。**

プレゼンを終えてオフィスを出て、すぐに稲垣に電話をしました。すると稲垣たちも「よっしゃ、わかった」という感じで、竹内と一緒に本当に1週間でつくりあげて、持っていきました。

今では専属のテストチームによる厳重なテストをしてから新しい機能はリリースするのですが、そのときはメンバー全員の気合と根性のテストで何とか乗り切り、そのファンドとは契約してもらうことができました。

営業に行って、こういう機能はないのかと言われて、急いで開発をして、ということを繰り返しているうちに、だんだんとSPEEDAのプロダクトレベルが上がり、そして、自然と売れるようになってきました。**同情ではなく、プロダクトを評価**して買ってもらえるようになったのです。世界的に有名なＰＥファンドに、プロダクトがいいので買うという判断をしていただいたときに、鮮明にそう思いました。

その後は順調すぎるくらい事業が拡大していきました。特に新野は販売の最前線に立ってＳＰＥＥＤＡをどんどん売っていきました。僕も力になろうと一生懸命売るけれど、数字はいつも新野の方が上。僕はそれを横で見ながら、新野なら売れないものはないんじゃないかと、思うぐらいでした。僕が企画して、稲垣がつくり、新野が売る。最初はそうやって少しずつ事業を拡大していきました。

30人の壁

成長軌道に乗っていくと、次の問題が出てきました。

組織の問題です。人数が**30人を超えたあたりから、社内から笑顔が少なく**なって、チームでの話題はほかのチームの悪口になってきました。それまで、飲み会では未来の話しかしていなかったのに、だんだん悪口の場になってきて「梅田は血迷った」「考えていることがわからない」など、経営陣への不信が出てくるようになりました。

このとき僕は、面倒くさいと感じました。あんなに苦労してやってきたのに、なんだよというのが率直な気持ちでした。スタートアップとはこういうもので成長痛は付き物だし、ついてこられない奴はついてこなくていいとも思っていたのですが、この問題を新野と稲垣と話し合う中で、本当にこれでいいのかと考え直すようになります。

僕は必死に働いているうちに、2つの目標のうちの「ハッピーに働く」方をほとんど忘れてしまっていたのです。ちゃんと組織に向き合おうと決めました。

そう決めたのには、ひとつのきっかけがありました。カスタマーサポートの部門にある女性がいました。カスタマーサポートは少ない人数で回しているので激務なのですが、その彼女から、夜、電話がかかってきました。

子どもができたという連絡でした。それは彼女にとって夢であって、安心・安全に生むために、激務になりやすい仕事は明日からでも休みたい、そういう希望を彼女が持っていることがわかったので、僕はその場で、彼女の希望通りに休んでもらうことにしました。

そして翌日、それを社内で伝えたら、いろいろな意見が出てきました。なぜ、次の日からすぐに休むのか、普通、産休はもっと後からじゃないのという声も、時間を決めて働くことはできないのかという声もありました。

7つのルール

僕はそういった声が上がってくることに驚き、そして、これはみんなが自分の価値観、前の会社の価値観、社会一般の価値観でものを言っているから議論がかみ合わないのだと思いました。そのときに、僕たちのやるべきことがわかったような気がします。

それは、ユーザベース全体に**共通する価値観をつくる**ということです。

そのときまで、言語化された社内で共有すべき価値観はありませんでした。そこで2012年に7つのルールという価値観をつくりました。

(1) 自由主義で行こう
(2) 創造性がなければ意味がない
(3) ユーザーの理想から始める
(4) スピードで驚かす
(5) 迷ったら挑戦する道を選ぶ
(6) 渦中の友を助ける
(7) 異能は才能

ここでは最初の言葉だけを並べましたが、これに続く言葉の方が重要なので、興味のある方はぜひホームページなどで見ていただければと思います。

この7つのルールはみんなの意見を集めましたが、最後はトップダウンで決定し、大磯のホテルにみんなで集まったときに発表しました。そして、この**7つのルールと価値観が合わない人は、ここでお別れにしましょう**という形を取りました。これ以外は自由でいいのだけれど、これだけは共通の価値観としようと決めて、仕切り直したのです。

先ほどの女性の例なら、彼女は我々の誰よりも人生に何度かしかないイベントに直面していた、すなわち、「渦中」にある。だから「渦中の友を助ける」というバリューに則って僕たちが彼女をサポートして、戻ってくるのを待とう。このルールがあることで、そういう話ができます。

会社がばらばらになってしまう、**みんながひとつになれないのは、ビジョン以外に共通の基軸がないから**です。だから不安になって外を見てしまう。それでこの7つのルールというバリューをつくったのですが、つくって本当に良かったと思っています。

ビジョンや、バリューの必要性も、『ビジョナリー・カンパニー』に書いてあります。実は新野だけは創業当時からこのバリューが大切だと言い続けていました。ただ、当時の僕は、新野はいつもフワフワしたことを言っているなと聞き流す程度。

皆さんの会社にも、ビジョンやバリューがあると思います。UBS証券にもあったと思いますが、でも、全然覚えていなかったし、なんとなく言葉があるな、きれいごとを言っているなという程度でした。こういう気持ちは、言葉よりも背中で見せるものだと思っていました。

でも、本当にビジョンやバリューは大事だし、ただ掲げるだけでなくそれを組織に浸透させることが大切で、それができるかどうかで会社の強さが決まるのだと身をもって理解しました。

即行即決で世界へ

こうして組織の問題もなんとかクリアし、世界への挑戦が僕たちの次の大きなチャレンジになりました。

起業のときから、絶対にグローバルカンパニーにするんだという思いがありましたし、僕自身も、国境を越えたリサーチのときほど困っていたので、グーグルが世界中で使われているように、SPEEDAも**世界中で使われなければ意味がない**と思っていました。

グローバルで展開するにはグローバルなデータを増やさないとならないので、シカゴにデータを持っている会社があると聞いたら、すぐにシカゴに飛んで、その会社と交渉をしました。2年間、同じように世界中の情報サプライヤーと交渉し、パートナーシップを築いて、世界120カ国のビジネス情報をカバーできるようにまでなりました。

交渉の際に心がけていたのは、**すぐに航空券を買ってすぐに飛ぶ**こと。電話やスカイプでは絶対にダメです。すぐ飛んで交渉して、そして、その場で意思決定する。契約書も用意していき、サインまでできるときはする。これに海外の方々は驚いてくれるんですね。

どの企業も、いろいろな日本企業と交渉をしたことがあります。すると毎回、持ち帰るという話になって、契約までには時間がかかっていたそうです。ところが我々はすぐにやってきてすべて決めて、場合によってはサインまでしていく。日本の大企業の方々が遅かっただけに、僕たちはかなり新鮮に受け取っていただき、いい印象を持っていただけて、応援もしていただけるようになりました。

2013年には香港、シンガポール、上海にオフィスを構え、新野はシンガポールに移住して、不退転の覚悟でまずはアジアナンバーワンを目指しています。

SPEEDAの最大のチャレンジは、世界で通用するプラットフォームになること。グーグルもブルームバーグもiPhoneも、世界を席巻しているプラットフォームは米国発のものが多く、強いですが、SPEEDAは**日本発の世界標準にしたい**と思っています。

反応がニュースの価値を上げる

この挑戦と同時に始めたのが、個人向け経済ニュースメディア「NewsPicks」へのチャレンジです。

ニュース事業は、創業のときからいつかはやりたいと思っていました。僕たちは経済情報のプラットフォームでナンバーワンになろうとしています。経済ではないところでは、グーグルがナンバーワンですが、経済では自分たちだという世界を想像していました。

では、経済コンテンツのうち、皆さんが接する頻度が最も高いものは何かというと、経済ニュースです。だから経済ニュースをやらないわけにはいかないのですが、競争の激しい領域なので、ニッチなデータベース領域から進出してきました。

ブルームバーグも債券のトレーディングシステムに端を発して、ニュース、テレビ放送と広げていったので、ステップとしては似ていると思います。

NewsPicksはiPhoneでもAndroidでも無料で使えるアプリで、特徴は2つあります。

ひとつは、経済系のコンテンツをワンストップで見られること、それからもうひとつは、そのコンテンツに対して、様々な方がコメントしていることです。このニュースをこの識者や友人はこう見ている、それをニュースそのものと合わせて見ることができます。

こういう仕組みにしたのは、SPEEDAをつくったときと同じ理由によるものです。既存の経済ニュースに満足していなかったので、欲しいサービスをつくりました。

例えばM&Aが起きたと報じられたとき、そのニュースそのものにも大変価値があるのですが、UBS証券の社内では、上司の反応や先輩によるスキームの解説が僕にとって重要なニュースになっていました。**ニュースと、ニュースによって起こる周辺の反応がセットになることで、ニュースの価値が上がる。**これをなんとかネット上で再現できないかと考えた結果が、今の設計につながっています。

従来のメディアは、ニュースをつくる記者とそれを届ける配達網を垂直型でとりまとめて、取材されたコンテンツが毎朝自宅に届くという強固なビジネスモデルがありました。それがスマホ時代になり、ニュースをつくる企業と届ける企業が分かれて水平型になってきました。

我々もまずは届けるプラットフォームづくりに集中していますが、昨年、東洋経済オンラインの編集長であった佐々木紀彦がうちに移籍してくれたのを機に、独自の編集部を立ち上げました。今後は独自の記事をつくるところも強化し、最終的にはプラットフォームとコンテンツづくりという、社内ではT型と呼んでいるモデルに移行していきたいと思っています。現在、NewsPicksは45万人くらいに使っていただいています。このサービスは大赤字の事業で、SPEEDAの稼ぎをすべて食い潰していますが、今はそういう時期だと思い、しっかり投資をしてビジネスとして立ち上げていきます。

五感を刺激せよ

最後に、この7年間を振り返ってのまとめをお話しします。

事業をつくるのに必要なのは、論理より感性です。僕はどちらかというと論理の人間で、コンサルティングファームでも投資銀行でも徹底的に左脳を使ってきました。

ユーザベースを始めるときも、左脳を駆使してびしっとした完璧な事業計画書をつくりました。でも、そんなものは稲垣がJavaを書けないと言った瞬間に意味がなくなりました。そのときにリアルビジネスとはこういうものだと実感し、**論理の積み重ねでは新しいものは生まれない**ことを知りました。ゼロからイチをつくるのは、感性なのです。

では感性はどこから出てくるかというと、五感をフルに刺激することで生まれます。勉強をするのではなく、**五感を刺激するインプットを得る**こと。これに尽きます。

感性のほかに必要なものは、繰り返しになりますが、仲間。それから、どんな価値観の下で何を成し遂げたいかを明確にし、共有し、磨いていくことです。ビジョナリーでないところから始めただけに、ビジョンとバリューこそが意思決定の根幹にあると感じましたし、それがこれからも中心になっていくと思っています。

成毛チェック！

梅田優祐さんが提供しているSPEEDAのユーザーはどんな人たちでしょうか。イメージとしては、いわゆる「勝ち組」。企画部門で働くホワイトカラー中のホワイトカラーで、飛行機のビジネスクラスに乗っているような人たちが思い浮かびます。

誰もが使うわけではない、想定される市場が小さい。そういう見方もできるでしょうが、それは弱みなのかと言えば、そうではないと思います。上位1％の富裕層が世界の富の半分以上を握っているという現在、例えば上位5％の層に向けたビジネスこそ有望なのではないか。そんな見立ても成り立つでしょう。アマゾンやグーグルは世界中の大衆に向けてビジネスを展開している。しかし、それだけが「解」ではないと思います。

梅田優祐にさらに迫るQ&A

Q

NewsPicksはどうやって収益化する予定ですか。（本間英行）

マネタイズは最大のチャレンジだと思っています。パソコンの世界はマネタイズに失敗していますよね。ページビュー単価は1円でもいい方で、それではどれだけ頑張って月間1億ページビューを達成してもスケールが利きません。

そこで我々が**参考にしているのは、紙の時代のビジネスモデル**です。読者の方から月々いくらかの購読費を払っていただき、また、広告収入も得て、まずは購読料と広告費を半々にしていきたいと思っています。

広告に関しては、枠全体をスポンサーしてもらうブランド広告、それから、タイムラインに埋め込むインフィード広告がありますが、単価の高いブランド広告と、スケールの利きやすいインフィード広告の両方をやっていきます。

購読料、つまり課金については、ストックへの課金を考えています。**フローよりもスト**

ックの方が収益化しやすいのはSPEEDAでも非常に感じていますので、ストックの価値を高めていきたいです。もうひとつ、厳選の価値を高めます。情報過多な時代だからこそ**「これだけを読め」**と言ってくれるならいくらか払うというニーズはあるはずです。それからもちろん、コンテンツにも価値はありますから、ストックの価値、厳選の価値、コンテンツの価値の3つをしっかりやっていきます。

Q

ニュースとともにその反応を伝えることを真似するメディアが出てきたとき、どんなバリューを付加していきますか。（田口 光）

今までは、とにかく自由に統制せず、ユーザーの市場原理に任せていました。ただ、経済領域の総合メディアを目指すには、それだけではいけないと感じています。ユーザーが増えれば増えるほど、炎上系のコンテンツが表に出やすくなり、マクロや金融といった経済ど真ん中のものは、ちょっと難しいので埋もれていきます。なのでこれからは、**ある程度は統制もしなくてはいけない**と思っています。現在、「総合トップ」は12記事からなりますが、そのうち7記事はユーザーが選んでいて、あとの5記事は編集部が選んでいます。初めは12記事全部をユーザーが選ぶ格好でしたが、バランスを変えていきます。ニュースにコメントをするピッカーの方々についても、新しい風を強制的に送り込んでいきます。

競合が参入した際の次の展開としては、テレビにおけるレギュラーキャスターのようなポジションを設け、それにふさわしい方に、4半期に一度、定期的に代わっていただくことを考えています。

それから、編集チームがつくるオリジナルコンテンツについても、今、チャレンジしているところです。インフォグラフィックスを中心としたコンテンツと経済ど真ん中系のコンテンツを、例えばアナリストレポートをエンターテインメント化するような切り口で、これまでなかったようなものをつくって、最先端を行こうと考えています。

Q 資金調達で苦労したことはありますか。（花香 清明）

会社の状況は最初が一番悪くて、その後は良くなる一方なので、資金調達は楽になる一方で、あまり苦労していません。スタートアップにしては多めの自己資金で始められたのも、恵まれていたと思います。

ただ、ひとつ失敗をしています。初めの頃、**簡単にストックオプションを渡してしまっ**

て、買い戻すのに苦労しました。起業の最初は誰もが心細いので、ちょっと助けてあげると言われると、ひょいひょい株を渡してしまっていたのです。それが株全体の5％くらいになったことがあります。最初も多少違和感がありましたが、だんだんと、会社のメンバーは株を持っていないのにどうしてこの人がこんなに持っているのかと思うようになり、交渉の末に買い戻しました。お金の絡む話ですからこの交渉は本当に大変で、本来ならやりたくありませんでした。でも、妥協せず、買い戻して良かったです。

Q

7つのルールの浸透のため、どんな工夫をしていますか。（匿名希望）

ウルトラCはないので、まず、新しく入ってくる人には、伝道者のような担当者をつけて、バリューを伝えることを任務としています。この1年でスタッフが70人増えているので、伝承はまだ途上です。

それから年に一度、7つのルールに沿ったエピソードを集めて、社内向けにイヤーブックをつくっています。**記録に残し、振り返る**場になっています。

それから、週に一度、テーマを設けてみんなで会合を持つことを続けています。新野が**マイケル・サンデル教授のように場をファシリテートして、活発に意見交換**をしています。

ただ、ルールの浸透は、一歩間違うと宗教のようになってしまうので、**絶対に原理主義にはしない**ように心がけています。7つのルールは判断に迷ったときに、そこに立ち返り勇気をもらうための指針です。ルールを振りかざして誰かを責める道具にしたくはない。そこは試行錯誤しています。

Q 会社員時代の経験で、役立っていることは何ですか。また、やり残したことは何ですか。（田母神 雄大）

役立ったことはある、と信じたいのですが、これだという明確なものはありません。やっておけば良かったことは明確で、**プログラミングと英語**です。プログラミングは稲垣や竹内という仲間に頼って、助けてもらってなんとか乗り越えてきましたが、英語については、交渉したり、みんなに伝えたりという場合に、日本語と同じ強度でそれができないため、非常にもどかしさを感じています。

特に海外には日本語のできないメンバーが増えているので、必須だと思っています。梅田通信という形で社内へメッセージを発信をしていたのですが、日本語だけでなく英語でも書いてくれと言われて、ぱたりと止まりました。それくらい心理的な障壁は高いです。

成毛チェック!

梅田さんは飄々と話すので、起業にまつわる様々なエピソードについて「いろいろあったけれど、なんとなく乗り切れた」的なイメージで聞いてしまいそうになりますが、騙されてはいけません。次々に生じる課題に、正面から向き合い、ごまかすことなく対処していく。そうした実直な姿勢こそ、学ぶべきです。どれほど高尚な理論も、実践なくして、その効用には浴せません。

さて梅田さんが課題としている英語について、私は一昨年『日本人の9割に英語はいらない』という本を書きました。梅田さんも英語が不要かと言えば、NO。ビジネスで英語を必要とする1割の人は、バイリンガルのレベルの英語が求められます。実は私もマイクロソフトに入ったときは英語がまったく話せませんでしたが、現在はバイリンガルのレベルです。

そのためにやったことは、英語をひたすらに聞くこと。3000時間が目安です。1000時間は学生時代に聞いているとして、残り2000時間分を聞き続けると、少しずつたまったコップの水がこぼれるように、英語が出てくるようになります。CNNがオススメ。英語もまた、実践あるのみです。

第4講

インターネット生命保険会社、60代で拓く

出口 治明 ライフネット生命保険会長兼CEO

自らの「怠け心」に応える工夫こそが「革新」を生む

出口的仕事学
3つのポイント

❶ 数字・ファクト・ロジックを基に自分の頭で考えよう
❷ 機械が進化しても、人間は人間の影響しか受けません
❸ 情熱の薄い人は、ベンチャーのトップにはなれません

出口 治明（でぐち・はるあき）

1948年、三重県生まれ。72年、京都大学法学部卒業後、日本生命保険相互会社に入社。企画部や財務企画部など経営企画部門で活躍。88年には生命保険協会財務企画専門委員会を設立し、初代委員長に就任。生保業界のまとめ役として金融制度改革に取り組み、保険業法の改正を実現した。ロンドン現地法人社長として欧州市場、国際業務部長として中国市場の開拓を手がけた後、2006年に退職、岩瀬大輔氏とともに生命保険準備会社ネットライフ企画を設立。2008年に生命保険業免許を取得し、ライフネット生命保険株式会社代表取締役社長に就任。2013年、代表取締役会長兼CEOに就任。……60代になってから、有望な若者と一緒に、インターネット生命保険会社をつくる。そんなことになるとは、当の自分が一番驚いています。でも、人生はそんなもの。死ぬほど考えて起業を決断するなんて、出来の悪いビジネス書に書いてある幻想です。世の中のためになることがあって、情熱があるなら、始めればいいんです。

1948年	三重県に生まれる
1972年	京都大学法学部を卒業、日本生命保険入社
1988年	生命保険協会財務企画専門委員会委員長
1988年～	金融制度改革に取り組み、保険業法改正へ
1992年	ロンドン現地法人社長として欧州市場を開拓
1995年	国際業務部長として中国市場を開拓
2005年	日本生命保険を退職
2006年	生命保険準備会社ネットライフ企画を設立
2008年	生命保険業免許取得、ライフネット生命保険社長
2013年	ライフネット生命保険会長兼CEOに就任

それは誰もが応援したくなることですか？

皆さんは、それぞれの職場でお仕事をされています。仕事をするためには、周囲の世界を理解しなければならないので、勤務先のことはよく知っていますね。でも、人間誰しも向上心があるので、もう少し周囲の世界を変えたいとも思っているはずです。

もしも皆さんが神さまかアラジンの魔法のランプの精なら、世界を瞬時に変えることができます。あの役員はなんとかならないかと思った瞬間に、その人は消えているでしょう。でも皆さんは人間なので、そうはいきません。今のポジションで何ができるかを考え、それを行動に移すしか世界を変えることができません。それが人間が働く意味だと思います。

人間が働くということは、世界経営計画のサブシステムを生きるということです。メインシステムを担えるのは神さまだけです。人間は、周囲の世界をきちんと理解して、どこかを変えたいと思い、そのために自分は何をしたらいいかをずっと探し続けて生きていく生き物なのです。

そう考えると、最初に人間がすべきことは世界を理解することなのですが、人間は脳みその構造上、**世界を自分の見たいように見てしまいます。**

昔、僕の友人が選挙に出馬して、落選したことがあります。慰めようと思ってご苦労さん会を催したら、彼がこう言うのです。

「なんで4万票しか票が取れなかったんだろう。選挙カーから見ていると、みんな僕の方を向いて手を振ってくれていたのに」

このエピソードで、いかに人間が見たいように世界を見てしまうのかがわかると思います。ですから、世界をきちんと見ようと思ったら、方法論が必要です。

縦軸と横軸と算数と

その主な方法論は2つあります。

まず、**縦軸と横軸を持つ**こと。これは、時間軸と空間軸、あるいは、歴史軸と世界軸とも言い換えることができます。

皆さんは、中学や高校の同窓会に出席して「あいつ、頑張っているな」と思ったことはありませんか。それは、縦軸と横軸を使ってその人を見ているということになります。

では企業ではどうかというと、誰がどういう思いでこの企業をつくったのか、その後どう発展してきたのかを知ることが縦軸で、ライバル企業は何をしているのかを知ることが、横軸です。

例えば、夫婦別姓問題を縦横で考えてみましょうか。

まず、縦です。この日本という国でカップルはどのような姓を名乗ってきたかを考えます。議論を厳密にするには、日本とは何かという定義をする必要がありますが、日本という国号は持統天皇の頃からというのがほぼ通説なので、約1300年ほど続いているわけです。ではその間に、カップルの姓はどうだったかというと、明治以降は同姓ですが、平安時代は妻問婚なので別姓です。

次に、横です。国際比較をします。世界の国は200近くあるので全部を調べるのは面倒ですが、学者はOECDと呼ばれる先進国間で比較をすることが多いので、それに倣ってみます。34カ国あります。では、この34カ国のうちで夫婦同姓が法律婚の前提となっている国がいくつあるかというと、日本しかないことがわかります。

日本がどうするかは、世界に合わせる必要はまったくなく、日本の国会議員が熟議をして決めればいいことですが、こうやって縦横で比較してみると、夫婦同姓が当たり前と主張している人は、何も勉強していないことぐらいはわかります。

世界を見る方法論のもうひとつは、国語ではなく**算数で世界を見る**ことです。算数で世界を見るとは、**数字・ファクト・ロジックをもとに、自分の頭で考える**ということです。

当たり前のことだと思うかもしれませんが、これが案外難しいのです。

人間は社会の中で生きているので、脳は、その社会の常識を無意識のうちに反映してしまいます。だから、自分の頭で考えることはなかなか難しい。

人食いザメより大型ワニより

これも例を挙げましょう。

人間にとって一番恐ろしい動物は何でしょうか。

先日読んだ新聞では、オーストラリアの近海には体重が1トンを超える人食いザメがいて、白鵬関でもひと飲みにしてしまうそうです。こう聞くと、かなり怖い。体長が数メートルもあるワニもいますね。

では、これを算数で考えてみましょう。このサメやワニ、それからほかの動物は、1年間で人間を何人殺しているでしょうか。

こうやって調べていくと、**ぶっちぎりで恐ろしい動物は、蚊**であることがわかります。

年間で70万人くらいを殺しています。その次は人間です。殺人は年間に40万件くらい起きているので、隣にライオンがいるより、見知らぬ人がいる方が怖いのです。第3位は、毒蛇の約4万人、では人食いザメはどれくらいかというと、10人くらいです。

このように、国語ではなくて算数で考える癖を付けた方がいいと思います。

もうひとつ、数字・ファクト・ロジックで考える例を挙げましょう。

書店へ行くと、少子高齢化が進んで公的年金制度は破綻するといったことが書かれた本が山積みされています。要するに、政府はあてにならないから、老後の資金は自分で貯めようと言っているわけです。その反対の概念は、政府はあてにしていいというものです。

ではどちらが正しいかというと、あてにしていいです。

このロジックは簡単です。今、日本の税収は55兆円くらいで、歳出は96兆円ほどです。なぜこんなことが成り立つかというと、国債を発行しているからです。ということは、国債を発行できる限り、政府は年金を払うことができます。つまり、年金制度が破綻するときは、国債が紙くずになっているときです。

もう少し続けましょう。近代国家は大量の国債を金融機関に持たせています。ですから、皆さんが個人的に、預金や投資信託や保険で貯めたお金は、国の年金が破綻する前に、紙くずになってしまいます。近代国家では、国より安全な貯蓄機関はないのです。だから、政府はあてにしていいのです。

こう考えると、年金の保険料を納めずに自分で貯めようというのは愚かな行為だとわかります。

なのに、書店に行くと間違ったことを書いてある本が並んでいて、それがよく売れます。なぜでしょうか。

ここで、もし皆さんが銀行員だったとしたら、どうかを考えてみてください。預金してもらいたいときに、国ほど安全な金融機関はありませんと言うのと、年金も心配ですよねと言うのとどちらが楽かという話です。**真実がよくわからない方がものはよく売れる**のは全世界共通ですが、この例ひとつとっても自分の頭を使って数字・ファクト・ロジックで考えるのは結構難しいということは、わかっていただけたと思います。

日本人の9割は低生産

さて、今の日本がどうなっているかを考えてみましょう。１９９４年、今から20年ほど前は世帯の平均所得が約６６４万円あったのに、２０１２年には５３７万円になっています。豊かになっているとは言い難いですね。貧しくなっているのです。

購買力平価で見ると、日本のGDPは世界で第4位です。これは、経済の大きさ。規模、ストックが世界で4番目ということです。ならば、毎年のフローの稼ぐ力、競争力の方も世界4位くらいでないと、バランスしません。ところが、国際競争力を見ると、2014年のデータで、日本は世界第21位です。これでは、放っておいたら貧しくなって当たり前です。

貧しくなるのが嫌なら、競争力を付けることです。別の言葉で言えば、生産性を上げることです。今、日本の生産性がどれくらいかをアメリカと比較すると、アメリカを上回っているのは、一般機械と輸送用機械、つまり、精密機械と自動車の分野だけです。この両産業に関わっているのは日本人の1割もいませんから、**日本人の9割以上はアメリカ人より生産性が低い**ということになります。ホテルや飲食などのサービス業は、アメリカの3割以下のレベルです。では、どうやったらこれを上げることができるでしょうか。

マクロで考えると、労働を流動化させることが答えになります。古い産業から、これからの日本を支えていくような新しい産業に、人がどんどん流れていくということです。よく外国人のエコノミストが労働の流動化が重要だというのは、そういう意味です。

戦後、日本が高度成長を遂げたのも、1次産業から、生産性の高い工業へ労働力がシフトしたからというのが通説です。だから、これから伸びる産業に多くの人が自由に移れるようにすることが、生産性を高める最善の方法だと思います。

イノベーションは既存の組み合わせ

では、ミクロでは、皆さんはどうしたらいいかという話をします。

2年ほど前に、ライフネット生命の近所にラーメン店が開業しました。わずか2年でミシュランに載り、もうじき3店目も出店するそうです。

ここの店にはよく行くので店主の話を聞くと、彼は30歳で独立したくてずっと頑張ってきたそうです。そしていざ店を出す段階になって、東京の有名なラーメン店に食べに出かけて勉強をしたそうです。

すると、どこの店もおいしいのだけれど、どこの店も客が男性しかいないので、そういうラーメン店をつくったら、売上げが半分になると気がついたそうです。裏を返すと、**女性にも来てもらえたら、売上げは倍になる。**

そこで、ガールフレンドのアドバイスをもらって、ベジソバという女性向けのメニューを開発して、入店した客にはすぐに紙エプロンを配って、テーブルの上はいつもぴかぴかにしておくようにしました。もくろみ通り、いつも女性のひとり客がたくさん入るお店になったのです。

ベジソバは何かというと、ニンジンのピュレにムール貝の出汁を合わせたスープを使ったラーメンです。ニンジンのピュレはどこにでもあるし、ムール貝も、ないわけではありません。でも、それをラーメンに合わせようという発想は、この店からしか生まれませんでした。

イノベーションはたいてい、すでにあるものの組み合わせから生まれます。

この店主の趣味は、食べることです。ラーメンに限らず、あらゆるものを食べることです。だから、ベルギービールに合わせてムール貝もたくさん食べていたのです。ムール貝を食べたことのない人に、それをニンジンのピュレと合わせようという発想が生まれるでしょうか。

ということは、イノベーションを起こす、これは生産性を上げるとか、いい仕事をすると言い換えてもいいと思いますが、そのためには、いろいろなことを知らなければならない、もっと平たく言えば、**勉強をしなければ、イノベーションは起こせない**のです。

では、人間はどうしたら勉強できるでしょう。それは、**人の話を聞く、本を読む、現場に出かける**、つまり、人・本・旅です。人間が賢くなる方法は、これしかないと僕は思っています。たくさんの人に会って話をして、たくさんの本を読んで、たくさん旅をしていろいろなことを勉強すれば、いろいろなことを思いつく可能性が高くなります。

人・本・旅のダイバーシティ

この、人・本・旅の中で、最も勉強のイメージが強いのは、本でしょうね。分厚い本を読んでいる姿は勉強のイメージに近い。では、僕が今日この講義の後にコトラーを再読しようと決めていたとします。そこへ、友達から電話がかかってきて、素敵な人がたくさんいる安いスナックを見つけたから今から飲みに行こうぜと誘われたら、たぶん僕はコトラー先生ごめんなさい、また明日などと謝って、飲みに行くと思います。

人間はいい加減な動物で怠け者なので、そう簡単には勉強ができません。

そこで、**ダイバーシティが重要**になります。

日本の伝統的な企業では、ボードメンバーが10人いたとしても、おそらくその全員が50代、60代のおじさんばかりです。そうすると、個人個人がいくら優秀であっても、会った人、読んだ本、行った場所はかなりオーバーラップしているはずです。

グローバル企業の場合は、ほぼ全員が社外の人。女性や若者や外国人が比較的多いので、会った人、読んだ本、行った場所はみんな違います。ムール貝を食べたことがある人もたくさんいそうです。日本企業よりも、ベジソバが生まれやすそうではないですか。

人間は怠け者なので自分だけではなかなか勉強できない。だからできるだけ多様な人を組織に入れたり、友達になってもらっていろいろ教えてもらった方が賢くなれる確率が高いと考えたらいいと思います。

ダイバーシティという言葉は、多様な情報交換のしやすさと言い換えてもいいと思います。**情報交換しやすい方が、勉強ができて、いい仕事ができます。**

イノベーションのほとんどは、怠け心から生まれます。

皆さんが働いているとき、午後4時に、5時間かかる仕事を上司から依頼されたらどうしますか。真面目な人は、すぐにその仕事に取りかかります。それは、4たす5は9だから、5時間頑張れば9時に終わると思うからです。

ところが不真面目な人は、絶対に7時にはデートに行きたいと考えます。だから、5時間かかる仕事をなんとか3時間で終わらせようと必死に考えるので、イノベーションが生まれます。

怠け心から生まれたイノベーションの代表例を挙げておきましょう。

アルファベットです。わずか26文字で、全世界の言語を表現できます。

このアルファベットはどこで生まれたかというと、シナイ半島です。今から3800年ほど前に生まれた原シナイ文字が、アルファベットの祖型になりました。

怠け心がアルファベットを生んだ

なぜシナイ半島のような辺境でアルファベットが生まれたか、その理由は簡単です。

当時、世界には中心が2つありました。ひとつはメソポタミアで、もうひとつはエジプトです。

メソポタミアで生まれたちょっとやる気のある賢い子どもは、くさび形文字を覚えたら、王家の書記として雇ってもらえて例えば年収1500万円、左うちわです。エジプトではヒエログリフを覚えたら同じく年収1500万円です。

ところが、両方の文明が交錯するシナイ半島では、両方覚えなければ1500万円の職がありません。くさび形文字とヒエログリフの両方を覚えるのは面倒です。そこで、なんとか簡単にできないかと考えて、アルファベットの原形が生まれました。

楽をしたい、いい思いをしたい、サボりたいという気持ち、怠け心が、実はイノベーションを生み出すのです。

これは、真面目に仕事をしていてはあかんということではなくて、**真面目に仕事をしているだけでは新しい発想が出てこない**ということです。

そういう僕は、イージーゴーイングな性格で、たまたま日本生命という企業に入って、仕事が面白かったものですから30年以上そこで働いていました。役職定年になって子会社に行ってからは、仕事が暇なので東大の仕事もしていたのですが、そのときにたまたま、あすかアセットマネジメントの谷家衛さんという人に会って、保険会社をつくりましょうと言われました。

谷家さんとはそのときが初対面でしたが、よさそうな人だったので、これも何かのご縁だろうと思って「いいですよ」と言ってしまって、もう、66歳になったのに、生涯で一番長時間働くことになってしまいました。言ってみれば、素敵な女性に付き合ってくださいと言われてしまったので、もう後は頑張るしかないと決めたようなものです。

そうやって保険会社をつくることは決まったので、では、どういう保険会社をつくるか、**生命保険のことをゼロから考え直す**ことにしました。

生命保険会社の仕事は、皆さんの財布からお金をもらうことです。年間の売上高は45兆円弱で、一世帯当たり、年間で平均40万円から50万円払っている計算になります。すごい金額ですね。

では皆さんの財布は現時点でそれだけ払える余裕があるのかを調べたら、貧しくなっている。**特に20代がこの国では貧しい**のです。世帯収入は平均で320万円、一人当たり170万円です。

若者が不幸な社会を変えたい

それを知ったときに、僕はこんな社会は嫌いだし、変えたいと思いました。20代が貧しかったら結婚できなくて晩婚・少子化になるし、子供を産み育てるのもしんどいでしょう。そういう社会の現実を見て、生命保険しか知らない僕は、**せめて保険料は従来の半分にして、若い人が安心して赤ちゃんを産み育てられる社会をつくりたい**と思って、60歳で開業したのがライフネット生命です。ライフネット生命で保険を見直された方の保険料は、従来に比べて年間10万円くらい安くなりました。

ではなぜ安くできたのか。保険は、生命保険も損害保険も統計のビジネスですから、どの保険会社も製造原価はほぼ同じです。

生命保険料は、その社会の寿命が長くなると安くなります。亡くなる人が少なくなれば、保険金をお払いすることも少なくなるので、保険料も安くなるのです。

日本の生命保険業界が大きくなったのは、日本人が長生きするようになったからです。敗戦時、戦死者を除いた日本人の平均寿命は約50歳でした。それが80歳になったので、生命保険業界は儲かったのです。**新興国に進出している保険会社は、その国の市民の寿命が延びることを見越しています。**

では、生命保険料を安くしたいからといって、日本人男性の寿命が100歳だということにして計算していいかというと、それはできません。実際に100歳でないし、そんなことをしたら金融庁に叱られます。

だから、**ライフネット生命は、缶ビールのビジネスモデル**をとりました。

缶ビールはスーパーやコンビニで買うと、だいたい200円前後です。ところが、居酒屋へ行ったら500円くらいするでしょう。そこで「300円の差額を返せ」と怒ったことがある人、いますか。いないということは、皆さんは、居酒屋で売るビールには家賃や光熱費、人件費が上乗せされているのを知っているからです。

ライフネット生命の場合は、皆さんがインターネットを通して保険を買ってくださるので、缶ビールを200円で売れます。でも、レガシーと呼ばれている従来の生命保険会社は、駅前の一等地にビルを持っていて、そこからセールスパーソンが皆さんの職場までビールを注ぎに来ます。

ネットで缶ビールを売る業態は、証券や銀行、損害保険ではすでにありましたが、生命保険にはありませんでした。なぜかというと、期間の長さに問題があるからです。

ネット銀行や証券は、クリックした瞬間に取引が終わります。損害保険でも契約期間は1年なので、もしもその会社が潰れても、まあいいかと思えます。

免許が先か出資が先か

ところが、生命保険の場合は期間が長い。医療保険は終身が主体ですから、10年後、20年後に本当に保険金をもらえるかが気になります。ライフネット生命は面白そうだけれど、20年後、30年後を考えたらやはり郵便局の方が安心だなどという連想が働きます。

インターネットで形のない商品を売るとき、信頼性を得るのはとても難しいことです。テレビコマーシャルをすれば社名の認知度は上がりますが、認知度と信頼性は別です。ではライフネット生命はどうやってその壁を打ち破ったかというと、まだ破れていません。

生命保険は、免許事業です。戦後誕生した生命保険会社はすべて、親会社に内外の保険会社を持っています。ソニー生命も、今はプルデンシャル生命と分かれていますが、できた当時はソニー・プルデンシャル生命でした。ですから、ライフネット生命の開業時からさかのぼると、**74年間、保険会社を親に持たずに新しく生命保険会社をつくったことは、なかった**のです。ライフネット生命は戦後初めての独立系の生命保険会社です。

僕は、起業したとき、周囲には必ず免許は取れると言っていましたが、実際には、ライフネット生命をつくるときに、免許が本当に取れるかどうかはわかりませんでした。取れると言っていた理由は、1995年の保険業法の改正です。この改正は、保険会社は創意工夫して競争を行い、消費者利便を高めようという考えに基づいたものですから、ライフネット生命のような会社には絶対に免許が下りると思っていました。ただ、これは、数字・ファクト・ロジックで論証のしようがないので、僕が心の中で思っていただけです。

しかし、出資を考えている側は、戦後一度も実例がないとなると、心配になります。「出口さんがそう思われるのはわかりますが、本当に免許は取れるのですか」と言われると、正直しんどかったですね。

こうなると、トートロジーに陥ります。免許が取れるなら出資しましょうと言ってくれる企業がある一方で、金融庁は、資本が何十億円か集まれば免許を出すという話になるからです。

最終的には、準備会社をつくって、2年以内に免許が取れなかったらお金は戻してプロジェクトは解散するという契約を結んで出資していただいて、それで、1年半で免許が取れました。

自分の商売は自分で発信

僕は6年間経営をやってきて、自分の商売のことは自分で発信しなくてはならないという当たり前のことを改めて学びました。**ほかの誰も代わって発信してくれません。**自分でも思い当たります。同じものを売っている店が何軒か並んでいても、買うのはいつも同じ店です。それは、店の人が熱心で、清潔にしていて、必死で商売をやっているからです。

なので、日本生命時代には一冊も書かなかった本も書いていますし、一度もしなかった講演もしています。フェイスブックやツイッターも、これは日本生命時代にはありませんでしたが、社員から指示されて使っています。**10人以上集まったらそこへ出かけていって話をします。**個人主催の勉強会が大半なので、たいていが夜か週末です。大手生保のトップが取引先との会合やゴルフに充てている時間を、僕は講演に当てているというわけです。

ライフネット生命はこれまで順調に伸びてきています。成長のスピードが少し鈍化しているのですが、一言だけ話をすると、ライフネットの生命保険開業時には、スマホはありませんでした。だから、インターネットでライフネットの生命保険に加入しようと思ったら、パソコンで申込をすることになります。パソコンなら、15分ほどで申込ができます。スマホになると画面が小さくなりますが、保険商品は金融庁の指導により契約プロセスを省略できず、パソコンなら15分のところを、最初は45分もかかってしまいました。途中で、こんなに時間がかかるのなら飲みに行こうと思いますね。

これは、タイムラグの問題です。改良を重ねた結果、最近ではスマホ入力でもパソコン入力とさほど時間は変わらなくなりました。

僕はどんな状況であってもサービスの品質を下げてはいけないと思っているので、ライフネット生命はウェブサイトもコンタクトセンターも、ヘルプデスク協会の調査で3年連続、生保業界1位ですし、オリコンのお客様満足度調査やJDパワーの契約者調査でも1位をいただいています。小さい会社ですが、商品やサービスの品質には自信を持っているので、中長期的には何の心配もしていません。ただ、経営をしていてつくづく思ったのは、人間の社会で**生き残るのは、賢い者や強い者ではなくて、変化に対応した者だけだ**ということです。これはダーウィンが進化論で言っていることですが、その通りだと思います。

教育費＋涙が乾くまでのつなぎ資金

ここで、僕が保険についてどう考えているかをお話しします。

男性も女性も大人になれば自分のご飯代は自分で稼ぐのがグローバル基準なので、**死亡保険の本質は、子どもの教育費**だと思っています。もしも今日、皆さんにかわいい赤ちゃんが生まれて、明日、皆さんが事故で死んでしまったら、心残りですね。先進国では、生涯所得と教育レベルは比例していて、悲しいことですが、いい教育を受けなければいい生活ができないことは統計上、明らかです。

ですから、**赤ちゃんが生まれたら、皆さんの死亡保険に1000万円をプラスしてください**。この1000万円というのは、国公立大学を卒業するまでの教育費を文部科学省などが調査した結果の数字です。もし、絶対に早稲田に通ってほしければ、1000万円でなくて2000万円です。塾代なども考えたら2500万円くらいが必要です。

それに年収3年分を足した額が、皆さんが亡くなったときに必要な保険金です。これは皆さんのパートナーが専業主婦（夫）だった場合に、**涙を拭いて働き始めるまでのつなぎ**

資金です。以前、こういう説明をしたら、女子学生に「出口さんは私たちが3年間も泣いて暮らすと思っているのですか」と聞かれたことがありましたが、一応、3年を見ています。

そう考えると、子どもが育ったあとは、死亡保険に入らなくてはならない理由は減りますが、日本の場合は、死亡保険金は相続人一人当たり500万円まで非課税となるので、生命保険を使わないと損だと、高齢者でも加入する人が結構多いのです。

そう考えると、そういう税制を活用しないのであれば、子どもが大学を卒業したら死亡保険は解約してしまって、その分のお金で食事をしたり旅行をした方が、人生は楽しいのではないかとライフネット生命は考えています。

医療保険については、皆さんの**人生観の問題**です。

日本では、医療費の3割を個人が負担します。では1000万円かかったら、皆さんは300万円負担するかというと、高額療養費制度があるので、実際には10万円程度の負担で済みます。ということは、貯金が200万～300万円あれば、医療保険は要らないように見えます。

でも、僕は医療保険は必要だと思っています。

例えば、入院したときに、大部屋でよければ差額ベッド代はかかりませんが、個室を希望したら、差額ベッド代を支払う必要があります。大部屋でいいか個室に入りたいか、これはまさに人生観の問題です。

それから、女性のお医者さまで、若いときにがんにかかられた方から次の話を聞きました。早期に発見できたので完治して今は元気に働いておられますが、治療の過程で髪の毛が全部抜けたとき、50万円を超えるウィッグを買うのに、医療保険に入っていたことで100万円の一時金をもらえて本当に助かったそうです。社会でバリバリ仕事をするには、安いウィッグではダメで、それくらいお金がかかるんですね。医療保険にはそういう具体的なニーズもあるのです。

「死ぬ」より怖い「働けない」

今、日本では世帯構成が劇的に変わってきています。戦後の日本では、カップルと子どもという世帯がほとんどで、そこにおじいさん・おばあさんが同居していることも多かったのですが、2010年の国勢調査の結果を見ると、**32〜33%がひとり暮らし**です。カップルと子どもは28%、子どものいないカップルが19%、シングルファーザーまたはシングルマザーが1割弱。暮らし方が劇的に変化しており、ヨーロッパと同じようになってきています。

変な言い方になりますが、**ひとり暮らしの方は、死ぬことは怖くありません。**何が怖いかというと、病気になったり事故にあったりして、長期療養が必要になって働けなくなることです。住宅ローンを考えればおわかりでしょう。亡くなったら団体信用生命保険によってローンは相殺されますが、働けないときにはそれがありません。

だから、ライフネット生命は、**働けなくなったときに月額いくらかを保障する就業不能保険**を販売しています。日本では、ライフネット生命と日立キャピタル損保の2社しか売っていませんが、米国やドイツではこの保険が一番よく売れている人気商品のひとつです。

2000年初頭に、わが国最大の保険のシンクタンクであるニッセイ基礎研究所は、**21世紀の保険**はこの就業不能保険だという趣旨のレポートを出していますが、ひとり暮らしの社会人の方はまず就業不能保険に加入するのが21世紀の生命保険のあり方ではないかと僕は考えています。

日本の生命保険業界は、アメリカに次いで世界で2番目に大きい。セールスを担う女性のおかげで、ここまで大きくなりました。ところが、日本の生命保険史上、女性の常勤取締役は、ライフネット生命の中田華寿子が初めてで、今も唯一です。女性の力で大きくなったのに、生命保険業界は日本の象徴のような男性社会であることがよくわかります。

彼女はライフネット生命のマーケティングと営業の最高責任者なので、彼女の考えがライフネット生命のマーケティングの考えです。彼女が書いた『10万人に愛されるブランドを作る!』という本の帯には**「商品を売るより、応援してくださるファンを増やそう!」**と書いてあります。

ファンづくりがキーになる

20世紀はものがない時代、21世紀はものが溢れる時代です。僕は三重県の美杉村で生まれましたが、子どもの頃、村にはテレビが1台しかありませんでした。その家の方は、縁側にテレビを置いて、庭にむしろを敷いてくださって、僕ら村の子どもは、一人ひとり蚊取り線香を――蚊取り線香ってわかりますか?――持って、みんなで力道山のプロレスを見ていました。

こういう時代なら、テレビをつくれば儲かります。でも、21世紀にはテレビは溢れています。ということは、テレビだけをつくり続けてきた会社は苦しくなります。

ものが溢れた時代には、**ファンをつくることがキーになる**と思っています。

ある雑誌で読んだ話ですが、東京の高級スーパーで、普通のニンジンが5本で200円で売られていたとします。無農薬のニンジンは3割くらい高いので、260円とします。これとは別に、400円のニンジンも置いてあります。このスーパーでは、400円のものから売れていくそうです。何が違うのかというと、400円のニンジンの袋にはおじさんの顔写真と連絡先と「このニンジンは私が雑草を抜いて育てました。高いですが買ってください」と書いてあります。それだけです。

雑誌にこの記事を書いた人は、400円のニンジンを買っている人は、ニンジンをつくっているこのおじさんに、来年も元気にニンジンをつくってほしいと思って、おじさんにエールを送るつもりでプラス140円を払っているのではないかと分析していました。

つまり、商品やサービスで差別化できない時代になったら、こういう企業が好きだとか、応援したいという気持ちになってもらうなど、企業の理念やブランドでしか、差別化できないのではないかと思います。

ライフネット生命でも、**商品やサービスを除いて何が残るかというと、経営理念しかあ**りません。これはマニフェストという形でオープンにしています。

第1章の私たちの行動指針では、真っ正直に経営をするということを書いています。原案では「真っ正直に」と書いたのですが、相談したコピーライターの先生が、**ゼロからつくった会社が自分で「正直者です」と言ったら怪しまれます**というので、その言葉を使うのはやめました。

真っ正直経営に加え、もう一本の柱は生命保険をわかりやすくて安くて便利にすること。こういったことを言行一致でやっていくことで、中田が言っているように、ファンになっていただく、それが長いビジネスを支えていく根源になるのではないかと思っています。

ライフネット生命のシンボルマークは、人間の顔です。我々はインターネット、いわば機械を使って商売をしている企業ですが、ともすれば、人間の体温や顔の見えることの大切さを忘れがちになります。だから、シンボルマークを人間の顔にして、機械は絶対に人間に勝てない、**どれだけ機械が進化しても、人間は人間の影響しか受けないのだ**ということを忘れないために、デザイナーの方にこのロゴマークをつくっていただきました。

成毛チェック！

出口治明さんはどんな人か。世界で初めてインターネット生命保険会社をつくった人であり、60代で起業した人である。その点において、世の中に勇気を与える存在です。

私も今年60歳になりますが、出口さんのお話を聞きながら、これから改めて起業してみたいという気持ちが湧いてきました。20代、30代、40代、あるいは50代の人も「もう遅い」などと怖気づく必要はない。もちろん起業でなくとも、例えば目の前の仕事で、やり方を少し変えてみるのもいい。ふと思いついたアイデアについて、放って置かずに調べてみるのもいい。それは実は、誰もやっていないことかもしれません。

出口治明にさらに迫るQ&A

Q

定年を待たずに日本生命を退職し、ライフネット生命を立ち上げたのはなぜですか。（梅田　文嗣）

古い友人から、谷家衛さんという人が保険のことを知りたがっているが、お前は暇だろうから会って話をしてやってくれと頼まれました。それで谷家さんに電話したところ、普通なら昼に会社で会いましょうとなると思うのですが、忙しいので、夜9時に六本木のANAインターコンチネンタルホテル東京に来てくださいと言われて、変な人だなと思いましたが、まあ、いろいろな人がいると思って約束の時間に待っていたのです。

そうしたら、全然来ないのです。僕は30代の頃から腕時計をしていないので正確な時間はわかりませんが、20～30分は待ったと思います。谷家さんへの印象は悪くなりました。しかし、携帯電話の番号も知らないので、ぼーっと待っていたのです。

そうしたら、小柄で、高校生のような顔をした谷家さんが走ってきて、悪い人だと思っていたからギャップがあって、何となくいい人だと思ってしまったのですね。

ロビーで、今の日本では生命保険の契約が1億5000万件くらいあって、普及率は9割で、それでも新契約が年間1500万件取れて、市場規模が40兆円から45兆円あるのは、自動車の買い換えと同じで、10年弱で保険を見直して回しているのだといった話をしたら、よく業界の本質がわかっていますね、一緒に保険会社をつくりませんかと言われて、そのときは好印象になっていましたから「はい」と言ってしまったのがすべてです。

そのとき58歳でしたが、はいと言ってしまった以上、グループ定年が確か62歳だった日本生命は辞めるしかないので、辞めました。

死ぬほど考え抜いて起業を決断するなどというのは、出来の悪いビジネス書に書いてある幻想です。人間が何かを決めるときは、だいたいそんなものです。

皆さんのボーイフレンドやガールフレンドのことを考えていただきたいのですが、出会ったときに相手が光に包まれていて、この人しかいないと思ったなどという劇的な出会いをした人は少ないでしょう。なんとなく知り合って、感じが良かったのでメアドを交換してお付き合いしているうちに段々、というものではないでしょうか。

歴史もそうで、劇的なことがあって時代がステップアップすると思いがちです。476年に西ローマ帝国が滅んで暗黒の中世が始まったような印象がありますが、でも、今の歴史学の通説では、西ローマ帝国の滅亡などどうでもいい小さな事件です。

西ローマ帝国と言っても、西ローマ帝国と東ローマ帝国があったわけではなく、ローマ帝国はひとつで、コンスタンティノープルが首都です。その首都から西方は遠く離れているので、西方領土を担当する長官を置いて、その人を皇帝と呼んでいただけです。その皇帝が傭兵隊長に脅かされて「もう皇帝を辞めます」と言って辞めたのが476年です。だからその年に劇的な変化があったわけではないのです。**世の中は、徐々に変わっていくんですね。**

Q

日本生命時代に、ライフネット生命的なビジネス構想は持っていなかったのですか。（大野　聡久）

48歳の時に、当時の社長とケンカをしました。ケンカと言っても、もちろん殴り合いではなくて、意見の衝突です。当時はバブルの後遺症に苦しんでいて、社長は海外業務は縮小し、ロンドンやニューヨークに調査拠点を残しておけばそれでいいという意見でした。

そのとき僕は国際業務部長だったのですが、それはダメだと思いました。**グローバル化が止まることはないし、成長するには海外へ出ていく必要がある**と思っていたからです。

企業はトップと意見の違う人を枢要部門には置きません。それで僕は平たく言うと、55

歳でビル管理会社に飛ばされました。日本生命では、55歳で子会社に行って、本社に凱旋した人は誰もいませんでした。だから、僕はもう生命保険の世界に戻ることはないと思いました。

そのときに、**遺書を書いて生命保険の世界を去ろう**と思いました。年寄りは次の世代のために生きているからです。それは『生命保険入門』（岩波書店）という本になりましたが、若い人にこの業界を良くしてもらおうと思って書いた遺書です。遺書を書くとなると、自分のこれまでの考えを整理します。整理して書いたその本に、ネット生保のアイデアも書き込みました。

Q 起業時の成功見込みとリスクをどのように捉えていましたか。（岩月 顕司）

どんなことでも、やってみなければわからないと僕は思っています。僕は歴史オタクなのですが、**歴史を見てもだいたい99%のことは失敗**しています。成功している例はおそらく1%もありません。

でも、**それをわかった上で、何かしなければ世界は変わらないと思った人だけが世界を変えてきました。**

谷家さんに会ってベンチャー生保を始めることになったとき、成功するかどうかは正直まったくわかりませんでしたが、先ほど、生命保険は免許事業だとお話ししました。免許事業というのは、免許を出す前に**役人の方が石橋を10回叩いてもまだ渡らないほど念入りにチェックを入れる**ので、免許さえ取れれば、そう簡単には潰れないビジネスです。

ですから、そういう意味では自信がありましたが、でも、やってみなければわからないことに変わりはありません。

今、ライフネット生命はそこそこうまくいっていると言われることがありますが、僕は、ナッシングだと思っています。

生命保険業界は45兆円近い売上げがありますが、ライフネット生命はそのうちの87億円ですから、マーケット全体からみればナッシングで、**マラソンで言えば、400メートルのトラックをなんとか走り終えて道に出たばかり**です。ライフネット生命はまだ何も為しえていないと思っています。

だから、これからが本当に大変だと思っています。すでに社員が90人いて、お客様にも20万件以上契約いただいていますから、会社を成長させ、維持していくことが、これからのチャレンジだと思っています。

ナッシングをサムシングにしなければならないのです。

Q

長期・中期・短期の視点を持つために歴史を学んだ方がいいと本に書かれていますが、なぜですか。（大野 聡久）

長期・中期・短期というのは、例えばブローデルの物まねです。ブローデルの『地中海』は分厚い歴史書ですが、最初は気候のことばかり書いています。だから飽きてしまって読むのをやめてしまう人が多いのですが、彼は、**人間の歴史には気候が大きな影響を与える**と言っているのです。

源平の時代、平清盛が栄耀栄華を尽くして平家が軟弱になり、関東で臥薪嘗胆をしていた源氏が天才的な武将である源義経に率いられて平家を滅ぼしたと、昔、僕はそのように教わったのですが、でも、当時の生産力を冷静に考えると、清盛が栄耀栄華を尽くしても、平家の兵隊まで栄耀栄華を尽くすことはできないので、それを理由に弱くなるとは思えません。

今、これはどのように理解されているかというと、源氏がいた東国ではご飯が食べられたけれど、**平家の拠点であった西国は飢饉で食べるものがなく、腹が減っては戦ができないので負けた**とされています。

地球は数百年単位で寒くなったり暖かくなったりしますが、18世紀になるまで農業社会だった人間の社会は、気候に左右されていたのです。ブローデルは例えばこれを長期の波と言っています。

中期の波には、ハプスブルク家とブルボン家の対立があります。フランスのブルボン家はスペインとドイツのハプスブルク家に挟まれています。ブルボン家はそれが嫌なので、ハプスブルク家の足を引っ張ることを政策にしてきました。30年戦争のとき、同じローマ教会の国でありながら新教側を応援したのも、ハプスブルク家の邪魔をしたかったからです。

こういう国や王家の考えも、ひとりの人間ではどうしようもなくて、そういう**どうしようもないものの上に、短期の個人の歴史が乗っている**のです。

歴史は、長期・中期・短期の3つの波を組み合わせて見る必要があるというのがブローデルの考え方で、僕もそれが正しいと思っています。

その上でなぜ歴史を学ぶことが大事かは、次のように考えればいいと思います。

リーマンショックのような危機は、これからもあると思いますか。ほとんどの人があると思っているわけですね。ではそのとき、リーマンショックのことを一所懸命勉強していた金融機関と、世の中はどんどん変わっていくから昔のことなんか勉強しても役に立たないと思って何も勉強していなかった金融機関、どちらがうまく対応できると思いますか。答えは、今、皆さんが考えている通りです。

唐の太宗・李世民は、**将来、何が起こるかは誰にもわからないが、悲しいことに教材は**

過去にしかないという趣旨のことを言っています。歴史を学ぶ意味はこれに尽きると思います。

Q

本をたくさん読まれていますが、タイムマネジメントの方法を教えてください。（匿名希望）

僕は怠け者なので、眠る時間を最優先に確保しています。次が、ご飯を食べる時間。あとは、好きな本を読むために、**テレビを見る時間やゴルフをする時間は全部捨てています。**そうやって捨てているので、本を読む時間がたくさん取れています。

本は好きなように読めばよくて、速読もありですが、僕は人の話はちゃんと聞かないといけないと思うタイプで、**本を読むということはそれを書いた人の話を聞くこと**だと思っているので、読むならちゃんと読まないといけないと思っています。つまり、個人的には速読には反対です。

そうやって、今、どれくらいのペースで読んでいるかというと、週に3、4冊が平均です。前の会社にいたときは、ベンチャーに比べればはるかに暇だったので、週に10冊くらいは読んでいた気がします。

Q 出口さん自身の、トップとしての強みはどこにあると思いますか。トップとしての資質を磨くためにしていることはありますか。（横田 孝俊）

人間が一番わからないのは自分のことですから、僕もどこが得意なのか自信がありませんが、人並み以上には生命保険業界を変えたいという気持ちは持っています。集中力は強いと思います。

それから、人・本・旅で自分を磨いたとしても、資質が身につくかどうかはとても難しい問題です。僕は昔、陸上競技をやっていたのでよくわかるのですが、特に短距離走は才能がものをいう世界で、どんなに努力してもウサイン・ボルトのようには走れません。**どんな能力も頑張れば身につくというように、傲慢に考えてはいけない**と思っています。

ただ、ボルトのように走るよりは、ビジネスの方がはるかに簡単だとは思うのですが。

Q ベンチャーのトップ、また、大企業のトップには、数字にはあまり強くないけれど情熱的な人と、情熱は薄いけれど数字にとても強い人とどちらが向いていますか。（井村 哲郎）

情熱的な人は、やりたいことが明確にあるわけですから、ベンチャーの社長はできると思いますが、その場合は、数字に強い人と組まなければならないでしょうね。**数字には強いけれど情熱が薄い人は、ベンチャーのトップにはなれません。**

日本の大企業であれば、周りが盛り立ててくれるのでどんな人がトップになってもあまり心配はないでしょうが、やりたいことがない人、情熱のない人がトップに立つことほど組織をおかしくすることはないと僕は思っています。ベンチャーであれ大企業であれ、僕の言葉で言えば、世界経営計画のサブシステムを持たない人をトップにしてはいけません。

成毛チェック!

イノベーションの多くは、既存のモノやコトの組み合わせから生まれる。そして、自分の中の「怠け心」に応えるための工夫から生まれる。つまり、まずニーズがあって、それに必要なことを考えてみる。それがすでにあるかを調べてみる。ないなら、つくればいい。次に、つくるのに必要なものはすでにあるかを調べてみる。あるならそれを使えばいい。ないなら、つくればいい。死ぬときに後悔しないように、やりたいことをやろう――。出口さんのお話を聞くと、「やらない理由」を探すのが恥ずかしくなりますね。

第 5 講

日本初のイスラム・ハラールファンドをつくった

高槻 亮輔　インスパイア代表取締役社長

事前の計画に縛られるな。広がる未来にこそ賭けよ

高槻的仕事学
3つのポイント

❶ 事業の可能性は単体で判断しない。「横展開」で捉える

❷「良質なギャップ」に目を凝らし、リスクを取って攻める

❸ 経験と人脈こそ財産。そこから広がる可能性を逃すな

高槻 亮輔（たかつき・りょうすけ）

1971年、広島県生まれ。95年、慶應義塾大学経済学部卒業後、日本興業銀行に入行。コーポレートファイナンス業務や審査部で経験を積んだのち、2001年インターネット総合研究所に転じる。企業買収・事業投資の手腕を買われて同年インスパイアに入社。2008年に代表取締役社長に就任。「イノベーションの具現化」をテーマに、事業法人との資本・業務提携をベースにした新事業開発や革新的技術を有するベンチャーへのエクイティ投資などを実践。中小企業政策審議会組織連携部会臨時委員やユビキタスネット社会推進協議会メンバーとしての産業政策的活動のほか、慶應義塾大学福澤諭吉記念文明塾の講師など学際領域での活動も行っている。……といった略歴になりますが、ひきこもりをしていた時期があります。ファイナルファンタジーXIにはまって、気がつけば200人ものプレイヤーを従える部隊長になっていました。リーダーシップ、チームマネジメント、私たちは様々なものから学ぶことができます。

1971年	広島県大竹市に生まれる
1995年	慶應義塾大学経済学部卒業
1995年	日本興業銀行入行、仙台支店配属
1998年	同行審査部
2000年	みずほホールディングス入社、与信企画部
2001年	インターネット総合研究所入社
	インスパイア入社
2005年	同社取締役就任
2008年	同社代表取締役社長就任
2014年	日本初のイスラム・ハラールファンド開発

重要なのは、リアリティとディテール

過去5年間にマレーシアに行ったことのある方、どれくらいいますか？　約100人中、5人くらいですね。では、シンガポールに行ったことのある方は……こちらはかなり多いですね。

シンガポールからマレーシアへは橋を渡れば車で行けるのですが、あまり行く人はいませんね。マレーシアは、日本から見るとかなり忘れられていますが、その間に、だいぶ発展しています。経済規模は日本の50分の1くらいです。

マレーシアの人口は約3000万人で、その**6割はムスリム**です。そしてチャイニーズが3割、あとはインド系が多いです。2月にはチャイニーズの旧正月があり、8月にはムスリムのお祭り・ハリラヤがあり、11月にはディワリーというヒンズー教のお祭りがあって、12月にはクリスマスもあります。ツリーの前ではムスリムも記念写真を撮るなどしています。そういう国です。

羽田からは7時間半でクアラルンプールに到着します。23時45分の便に乗れば翌朝到着しますし、帰りも、2時くらいの便があるので、それに乗れば**その日のうちに帰宅できます**。

今日はそのマレーシアにおけるハラールの話をしたいと思います。

ハラール@マレーシア

ハラールとは、イスラム教の神・アラーに許されたものという意味です。ですから、食事だけなく、生活全般の規範を示す言葉です。銀行に預金して利息を得ることも、良くないこと、すなわちハラームであるとされています。

そのハラール認証を、マレーシアに進出している世界的な外食企業はたいてい取得しています。

マレーシアにはイスラム教徒だけでなく、ほかの宗教を信じる人、中国系やインド系の人も暮らしているので、イスラム教徒にとっては触れることもできない豚や酒も店で売られています。なので、ノンハラールコーナーがあって、専用のレジが用意されています。日本ではこういった光景はまず見られませんが、マレーシアでは日常です。

今、マレーシアでナンバーワンのスーパーマーケットはイオンです。トップバリュという**プライベートブランドの商品もハラール対応**しています。**イスラム金融に対応したポイント制度も導入**しているので、イオンはかなりイスラム対応した企業と言えます。

さて、日本創成会議は、約半数の市町村で、2040年までに若年女性の数が5割以上減るとしています。こういった市町村を消滅可能性都市と呼ぶそうです。

日本では名目GDPも減少しています。最新の数字では成長率はマイナス1・9％です。

翻って世界を見ると、中国の7・7％を筆頭に、カンボジア、フィリピン、タイ、スリランカ、ミャンマー、インドネシア、バングラデシュ、マレーシア、ベトナム、サウジアラビアが成長率5％を超えています。これは無理矢理積み上げた数字ではなく、自然体の数字です。ASEAN、そしてイスラムの国が多いことがわかると思います。

経済活動は人口に結びつく部分が大きいので、人口が増えているところほど経済も成長することをそのまま示していると言えるでしょう。その人口は、日本は1億2000万人ですが、**アジア・中近東では42億人**が暮らしていると言われます。アフリカでもせいぜい10億人ですから、とても大きな数です。

このアジアと世界のムスリム人口20億人を掛け合わせたマーケットは、**人類史上最初で最後の大きな市場**になります。

２０２０年にはアジアの中間層は23億人に達すると予測されています。ざっと**日本23個分の消費が生まれる**と考えていいでしょう。

世界の縮図で経験を積む

その市場へ、海外の外食産業はどのように進出しているか、マクドナルドとスターバックスコーヒーの各国への進出年、そして人口１００万人あたりの店舗数を見てみますと、中間層が多く、消費も多いところから同じような傾向で進出しているのがわかります。

一方、日本のＩＴ系企業のアジアへの進出具合を見てみると、タイであったりベトナムであったりシンガポールであったりバラバラです。なぜそこへ進出したのかを聞いてみると、たまたま知り合いがいたからとか創業者がその国を気に入ったからとか、ロジカルでない理由で決まっています。

しかし、これからは日本企業もグローバルカンパニーと互していかなくてはなりません。国内の**市町村の半分は消滅の可能性があるわけですから、外へ目を向けなくてはならない**

のです。

ＡＳＥＡＮはここ10年ほど、２０１５年を初年とする経済統合を進めてきました。まずは主要10カ国でスタートすることになりますが、この**統合は、ＥＵよりももっと強い**ものになると言われています。

そのＡＳＥＡＮには、７億人の人口があります。

日本としてはこのマーケットをしっかり押さえたいですよね。そこで新規事業開発を専門とするインスパイアとしては、日本企業とＡＳＥＡＮとの距離を近づけたいと考えました。

ただ、10カ国と言っても民族も文化も歴史もまったく異なる10カ国ですから、７億人は一枚岩ではありません。では、どこの国をエントリーゲートとするかというと、マレーシアがいいのではないかと考えています。

しかし、最初に申し上げた通り、マレーシアは人口が少なく経済規模も大きくないので、これまで日本の大企業はスルーしてきました。これは大変もったいないことです。

まず、マレーシアはイスラムの大国です。

また、マレーシアにいるチャイニーズは、中国国内のチャイニーズとは別の考え方や商習慣、そしてチャイニーズネットワークを持っていて、日本人としてはビジネスがしやすいです。

それから、ヒンズー教徒もいる世界の縮図のような国なので、**マレーシアで積んだ経験は、世界で活かせます。**マレーシアだけでは確かに規模が小さいのですが、横展開すればボリュームは得られます。

さらに、マレーシアでは完全に**英語でのコミュニケーションができます。**マレーシアのムスリムはマレー語を、チャイニーズは広東語を使っていますが、彼らの共通言語は英語です。もともとイギリスの植民地だったので、タクシードライバーも日本人にとって聞き取りやすいクイーンズイングリッシュで話します。親日的な人が多いので、街中を歩いているとかなり話しかけられます。

法律もイギリス法なので、この点でもビジネスはしやすいです。

80年代前半の日本、平均年齢27歳

それから、マレーシアの位置を改めて見てみると、そこを中心に同心円を描いたとき、

九州までとインドの西端まで、それからオーストラリアまでがほぼ同じ距離で、樺太までとアラビア半島までもまた、ほぼ同じ距離であることがわかります。

こういった場所にある国にいろいろなLCCが就航しているので、マレーシアからは、**東京から長距離バスに乗るような感覚で、インドへもオーストラリアへもアラビア半島へも行けます。** もともとマレー半島の先のマラッカ海峡は非常に重要な海上の要衝ですが、航空機にとっても大事な場所になってきています。

このマレーシアをなぜインスパイアが推しているかというと、ASEAN各国の一人当たり名目GDPを比較したとき、ブルネイとシンガポールを除くと、マレーシアが図抜けているからです。一般に、**5000ドルを超えると外食産業が立ち上がり、1万ドルを超えるとプレミアム消費が増える**と言われますが、マレーシアはその1万ドルを超えています。他の国を見ると、タイが約6000ドルでそれ以外は5000ドルに届いていません。

この一人当たりの名目GDPは、マレーシアの首都の**クアラルンプールに限ると約2万2000ドル**に達しています。インドネシアのジャカルタは約1万ドル、タイのバンコクも1万ドルを超えていると言われますが、倍以上の開きがあります。

別の比較もしてみましょう。これまでの日本の名目GDPの推移のグラフに、現在の各国の名目GDPをプロットしてみるのです。こうすると、各国がいつの日本の経済状況にあるかがわかります。

現在からさかのぼってみると、1990年代前半に香港があり、80年代後半に韓国そして台湾があり、**80年代前半にマレーシア**があります。中国、タイ、インドネシア、フィリピンは70年代です。

日本の70年代は白黒テレビ・洗濯機・冷蔵庫の三種の神器が家庭に揃った時期であり、80年代は食や衣料の消費が加速した時期です。今、マレーシアでは**テレビ・洗濯機・冷蔵庫が、大きなディスカウントなく売れています。**フラットパネルの大きなテレビ、大容量の冷蔵庫、日本で売られているのと同じような洗濯機が売れています。

もうひとつデータを見てみます。今度は中間所得者層がどれくらいいるかです。マレーシアでは2020年に、世帯の年間可処分所得が3万5000ドルを超える人口が全体の9割を超えると予想されています。これは、インドネシアやベトナム、タイ、フィリピンと比べても高い数字です。

3万5000ドルというと350万円程度ですが、マレーシアは家賃も光熱費も食費も日本よりずっと安いので、実質的には2、3倍の購買力があると考えていいでしょう。つまり、**日本の感覚では700万円から1000万円**程度です。9割の下限がここですから、

全世帯の半分は富裕層になります。

そのマレーシアの**平均年齢は約27歳**です。なので、日本よりもスマートフォンの普及率は高いです。日本の平均年齢は46、47歳ですから、マレーシアの方が圧倒的に若い。その若い人たちがこれだけのお金を持つことになるのですから、未来には非常に明るい希望を持てます。

冷蔵可、プレミアム、お洒落

さて、マレーシアではイオンがカルフールを買収していますが、その店頭では、日本と同じようにカット野菜が売られていますし、それから、生の切り花も売られています。

これは、**カット野菜や生花を買える層がいることと同時に、これらを販売できる冷蔵のロジスティクスがある**ということを示しています。マレーシアではこれができます。インドネシアではできていません。

スターバックスコーヒーでは、日本にあるショートサイズはなく、トールとグランデ、グランデよりもさらに大きいベンティがあります。メニューにもよりますが、私が見た店ではトールサイズは11・5〜13・5リンギットでした。1リンギットは33円くらいですから、トールサイズのコーヒーは380円から450円くらいするのですが、これを、ごく普通のマレーシア国民が買って飲んでいます。

マレーシアにはとても甘いアイスコピと呼ばれるコーヒーもあって、これは500cc入りが1・5リンギット、つまり50円くらいで買えます。それでも**デートなどでは10倍近く支払って、お洒落なスターバックスでコーヒーを**飲んでいます。

マレーシアでは**一風堂のラーメンも人気**です。豚骨なのでムスリムは食べませんが、最もベーシックなメニューは白丸元味で日本では800円くらいです。マレーシアでは26リンギット、約860円なのでやや高いのですが、若い女性を中心に人気です。

マレーシアは昼ご飯も夜ご飯も10リンギットでお腹いっぱい食べられるのですが、それでも一風堂に行くのは、そこが日本のヘルシーなラーメンが食べられるプレミアムな店というイメージができあがっているからです。日本の外食ではこのほか、**丸亀製麺、大戸屋、CoCo壱番屋などが人気です。マレーシア最大の和食チェーン・すし金**も忘れてはなりません。

また、マレーシアのムスリムはお洒落です。中東のムスリムの女性は、目の部分だけが開いた黒いアバヤを着ますが、東南アジアのムスリム女性は、顔全体を出しますし服は非常にカラフルなものを何枚も持っていてコーディネイトを楽しんでいます。

髪を覆うヒジャブは風で飛ばないように、アクセサリーで留めています。この**アクセサリーの市場はこれから**のようで、マレーシアの人によく、こういうものを日本から持ってきてほしいと言われます。

原料、加工、物流のパスポート

最初に少しお話しした通り、ハラール対策は世界では当たり前のことになっています。**ハラール認証はイスラムビジネスでのパスポート**のようなもので、これがないと相手にしてもらえないのですが、日本ではまだまだ対応が進んでいません。パスポートですから、ハラール認証を得られればそれでビジネスがうまくいくというものではなく、これは最低限必要なものなのです。

そしてハラール認証は会社としてひとつとか、商品についてひとつ受ければいいというものではありません。例えば食品の場合は、**原料、加工プロセス、物流の3つでハラール性を担保**しなければなりません。日本の高品質の加工食品を輸出するにしても、これらをすべてクリアしなくてはなりません。

ハラールの認証機関は世界中にありますが、マレーシアはその認証を世界で初めて国で管理するようになり、工業規格のＪＩＳのように認証プロセスを規格化したので、他の国から見ても信頼度は極めて高いと言われています。今、**世界で一番信頼されるハラール認証マークはマレーシアのイスラム開発局が発行するもの**です。マレーシア政府は自国をハラールハブにすることを政策として掲げています。

そもそも、国民のほとんどがムスリムの国では、ハラール対応しているのが当たり前で、海外の非対応のものは税関ですべてストップします。ですから、アラーに代わってこれはいい、これはダメという認証をすること自体を疑問視する声もあります。

しかし、東南アジアの場合には同じ空間に異教徒も住んでいますし、また、目の前の食品がどこでどのように加工されたのかはわかりませんから、だから、ハラール対応していることをはっきりさせるため、東南アジアでハラール認証が進んだのではないかと思っています。

世界マーケットの3分の1

ハラールハブを目指すマレーシア政府の政策は賢い選択です。マレーシアが交通の要衝であることはすでに述べました。

また、マレーシアは世界最大のイスラム債権国でもあります。イスラム金融はロンドンで始まり、バーレーンで成長しましたが、リーマンショックでのダメージはありませんでした。欧米型のコンベンショナル・ファイナンスとは接続されていないからです。

イスラム金融には、イスラム教国の企業でなくてもそのルールに従えば参加できるので、リーマンショック後にイスラム債券を発行する企業が増えました。そのときにマレーシアは規制緩和を行い、ラブアンに金融特区を設けました。現在発行されている**イスラム債の50％以上はマレーシアで引き受け**られています。この規模は、サムライ債（円建て外債）市場よりも大きくなっています。

さて、ハラールマーケットは食品や化粧品、医薬品といった分野だけでも600兆円規模とかなり大きいと言われています。繰り返しになりますが、ここに参入しない理由はありません。**ハラール市場を捨てるということは、世界のマーケットの3分の1を捨てることになる**からです。

インスパイアでは今、関与する企業に対して、ただハラール認証を取ればいいというものではないし、どこの認証を取得するのかは、どういうビジネスをするかで決まるという話をしています。つまり、とりあえず最初に認証を取ろうというのではなく**「どういうビジネスをしようとしているのか」から入らないとならない**のです。

日本国内で日本に来るムスリムに自社の商品を売りたいのか、海外へ出るのか。海外に出るにしても自分たちが最終製品までつくるのか、原料を供給して仕上げは現地で行うのか。やり方は様々あるからです。

現地の舌に合わせる

日本はすぐにブームが起こる国です。ハラールも今、ブームのようになっています。日本国内のハラール認証機関は5年前には4つでしたが、今は20あります。

ただ、この20の認証機関のうち世界中で通用するところはありません。マレーシアのイスラム開発局からオーサライズされた機関が2つあるのですが、これは、この認証を受けたものはマレーシアのハラールコーナーで売っていいというもので、マレーシアから輸出するケースはカバーされていません。

この点、イスラム開発局の認証をダイレクトに受けると、それはほぼ全世界で通用します。

ただ、この認証を得たければ**マレーシアに製造拠点を設ける必要がある**ので、自社でそ

第5講　事前の計画に縛られるな。広がる未来にこそ賭けよ

日本初のイスラム・ハラールファンドをつくった ―― 高槻 亮輔

れを持つか、すでに持っているパートナーを得るかする必要があります。

一方で、2020年の東京五輪に向けて増えるであろうムスリムの観光客に国内でもものを売りたければ、国内にある認証機関で十分です。

ただ、認証さえ得られればものが売れるかというと、そうではありません。特に日本の消費財メーカーは、日本のものが最高だから海外でも日本とまったく同じものをつくって売ろうとします。そして、海外は水が違うから日本と同じものがつくれないと言います。

しかし、その国にとっては**日本のものが最高ではない**のです。日本で最高のものは日本で売るにはいいのですが、現地においては最高ではないので、現地に合わせる必要があります。そうしないと、現地のボリュームゾーンを捉えることはできません。

ただ**日本は、ボリュームゾーン向けの消費財提供について天才的な国**でもあります。日本にはもともとなかったカレーライスもラーメンもマカロンもどんどん高度化させましたし、ナポリタンなどはナポリへ行っても食べることができません。味にうるさい日本人に向けて合わせる力があるのですから、ASEANに出ていった場

合にも現地の人の舌に合わせることができるはずで、これがひとつのポイントになるはずです。

先ほど名前を挙げたすし金はこれを非常にうまくやりました。提案したマレー流日本食が受け入れられ、現在、年間1000万人くらいを集客しており、2015年中にはマレーシア国内での店舗数が100を超えるのは確実です。この店では、寿司に付ける醤油が甘いです。日本でも九州の醤油は甘いですが、あれとは違う甘さです。

すし金には日本人のスタッフもいますが、**味を決めているのは現地のメンバー**です。

すし金の成功は外食産業界で注目されています。吉野家ホールディングスが資本参加をし、すし金の親会社であるテクスケムとともにASEANで展開をしていくという発表がありました。

2014年11月には、ドトール・日レスホールディングスが同じような資本提携をした上で、ASEANでマレーシア初のドトールコーヒーショップを展開すると発表しています。

すし金とインスパイアとは何か関係があるのかと言いますと、その1年くらい前にすし金に資本参加しています。すし金はノウハウも高く評価されているのですが、すし金の店頭は新商品のテスト販売の場としても優れているので、そこで日本の地方の会社の商品を現地の人に食べてもらって、味のチューニングをしています。

日本初のイスラムファンド

最後に、ファンドの話をします。

インスパイアはマレーシア最大手の政府系投資機関PNBと提携しました。PNBとはPermodalan Nasional Berhad の略で、直訳すると国立株式株式会社です。株式会社ですが、すべての株を国の財団が保有していて、その財団のトップは代々の首相が務めています。

これは前の首相のマハティール・ビン・モハマド氏がルック・イースト・ポリシーで日本に学んだものです。戦後の復興期、日本政府にはあまりお金がありませんでしたが、郵便貯金を通じて国民の持っている細かいお金を集めて、それを産業の育成に投じたという経緯があります。マハティール氏はこれと同じことをしようとして、**ハラールに反する預貯金ではなく、投資信託と株式投資の形**を取りました。

PNBの兄弟的な会社であるASNBが独自の投資信託を発行し、国民の持っている口座の金額をその投資信託に充て、ASNBがまとめたお金をPNBに運用委託するという格好です。過去40年間、これは大成功しています。

PNBの資産規模は約7兆円です。日本でいうと中堅の地銀クラスですが、マレーシアの経済規模は日本の50分の1ですから、**日本で言えば郵便貯金と同等**と言えます。また、PNBはマレーシアの主要企業の大株主でもあります。

そのPNBとインスパイアは一緒にファンドをつくりました。シャリア、つまりイスラム法に沿っていて、かつ、日本の投資事業有限責任組合法に基づいたファンドであります。これは日本で初めてです。

シャリアに適格かどうかは、案件ごとに3人ほどの独立したイスラム法専門家がチェックしますし、投資が終わってからも年に一度チェックする態勢になっています。

チェックする内容は事業性と財務制限です。事業性とは、豚や酒で利益の多くを稼ぐこと、コンベンショナルファイナンスで利息を得ること、賭け事などは許されないので、その確認をします。財務制限には、負債比率が3割を超えてはならないとか売掛金の比率がこれも3割を超えてはならないなどがありますので、それをチェックします。

このファンドでは当然、豚や酒は扱いませんが、もうひとつ、**やらないと決めているも**

のがあります。**それはエンタテインメント**です。

その理由はまず、女性の描写が難しい。髪の毛の露出があってはダメですし、体の線がはっきりと見えるものももちろんダメです。

それから、彼らにとっては赤よりも青よりも一番いい色は緑なので、**ゴレンジャーのように赤が主役で緑はぱっとしないような話は、言葉だけ翻訳しても理解されません。**

ただ、やらないのはこれくらいなので、ほかの大抵のことはできます。

このファンドを通じてやろうとしていることは、プレミアム消費が始まっているものの、まだ十分な商品が供給されていないところへ、日本の地方にある、その地域の人はみんな知っているのだけれど**東京では知られていない会社の商品を届ける**ことです。

日本の地方企業と結ぶ

なぜそういった会社が東京では知られていないのかというと、往々にして同族経営の非上場企業で地元重視の経営をしていることが多いからです。

しかし、だからこそ彼らと組むと面白いので、そういった企業と付き合いの深い**地方銀行にファンドに入ってもらう**ことにしています。すでに秋田の北都銀行と山形の荘内銀行、広島銀行と大分銀行は加わっていて、この数はこれから増える予定です。広域の地銀がひとつのファンドにこれだけ入るのは、初めてのことだと思います。中小機構からの出資も受けています。

マレーシアの側では、PNBのほかに中小機構のようなSME Corp.、それからハラールに関する助言をしてくれるHDCという公社ともインスパイアは提携をして、彼らの持っている英語で書かれたハラールの資料を日本語訳してそれを日本側に提供するなどしていきます。先日、服部栄養専門学校で調理師向けのハラールセミナーを日本で初めて開催しましたが、これも、そういう情報を持っているからできたことです。

こういったファンドを通じて、マレーシアは主に政府系の機関、日本側は政府と地方銀行、これをつなぐことで、日本中の優良企業の優れた消費財をマレーシアに持っていき、**マレーシアから、ASEANまたは世界のイスラム市場へ売っていこう**と考えています。

地方で同族経営をしている優良企業は、相続の度に大変な思いをしながらそれを維持しています。同族以外には株主がほとんどいなくて、せいぜい、取引銀行が5%入っている程度です。そういう企業が、10年間といっても期限があるファンドを株主に加えてくれるかというと、そんなことはありません。

なので、インスパイアとしてはそういった優良企業に直接資本を入れるのではなく、**ファンドと一緒に海外展開子会社をつくる**ようにしています。そもそもその企業は国内でしか事業をしていないので、海外はこれからというときに別会社をつくるのは自然ですし、それなら元の会社の資本政策にも影響がありません。

また、ファンドは10年なら10年が過ぎたら立ち去らなくてはなりません。ファンドの用語で言えばイグジットをしなくてはなりませんが、これは、進出先に販売会社や製造拠点をつくるときに、提携先にファンドの持ち分を買い取ってもらうことで実現するつもりです。

ベンチャー投資よりリターンは大

ベンチャーファンドの世界では、**１００社に投資をするとそのうち70社は死んでしまい、残り30社のうちの半分の15社は経営者が買い取る**ことになってリターンが出ないと言われます。

残りの15社のうち、10社以上は大企業に買収されてそれなりのリターンが出て、最後の何社かだけが、ＩＰＯまでたどり着いて大きなリターンをもたらすと言われます。

これはR&Dの段階からリスクを取りに行っているので、当たり前のことと言えます。

しかし今回の投資の対象はベンチャーではなく、すでに何年もやってきた実績のある企業で、パッケージもあればチューニングをする力もあります。もちろん、だからといってASEANや世界のイスラム市場で売れるものをつくれるとは限りませんが、しかし、それでも7割が死ぬことはないだろうと見ています。

一定の販路を確保できれば成長していく企業がむしろ7割だと思っています。IPOにまではたどり着かなくても、食品や化粧品の場合は株価が数倍から10倍になればよしと考えています。

さて、先ほどのベンチャーファンドでIPOまでたどり着く会社が100社中3社あり、そのリターンが投資額の50倍だったとしましょう。

そして、今回のファンドでは7割が成功し、そのリターンが5倍だったとしましょう。比較すると、**ベンチャーに投資するよりも、今回のファンドの方がリターンが大きい**ことがわかります。

ただ、この試算はかなり控えめです。リターンはもっと得られると思っています。

成毛チェック！

高槻亮輔さんの話からまず学んでほしいのは、「リアルオプションを増やせ」ということです。高槻さんがキャリアを積んできた金融・投資の世界で言えば「選択肢が多い事業こそ価値がある」。

それは人生においても、そう。例えば、多様な人と付き合う。そこで、自分だけでは知り得ない世界や知識に触れることができます。そして、多様な力を組み合わせることで、新たな可能性に挑むことができます。あるいは、物事は同時並行的に進める。そうすることで、チャンスを広げ、同時にリスクをヘッジすることができます。

私がインスパイアという会社をつくり、高槻さんがそこに加わり、引き継いだ。その過程においては、互いが互いのリアルオプションとなる関係でした。すなわち、高槻さんが社長業にチャレンジするオプションを得る一方、私は社長業を任せる人間が見つかり、新たなチャレンジをするオプションを得たわけです。

高槻さんはかつて、はまっていたファイナルファンタジーの世界では、200人ものプレイヤーを率いる部隊長でした。勝つためには、力を合わせる必要がある――。ゲームにおいてもまた、個の限界とリアルオプションの重要性を学べる。今はそんな時代です。

高槻亮輔にさらに迫るQ&A

Q

大手都市銀行の中にも企業のイスラム圏進出を支援するところがあります。どこで差別化するのですか。（佐野 元治）

僕も大手銀行にいたことがあるので明確に言えるのですが、今日お話ししたような仕組みづくりは**大手銀行にはできません。**

銀行はできあがっている決算書に基づいて行動するのですが、決算書や試算表に書かれているものは、どれだけ最新のものであっても1カ月前の内容で、古いのです。これでは、急成長している新しいテーマの事業はできません。

それから、これは大手銀行に限らず地銀にも言えることですが、彼らはなかなかニーズをつかめません。銀行の場合はお客さんのところへ行って「マレーシアに進出しますか」とストレートに聞きます。聞かれた方は「全然、考えたことがないです」と答えるのが現状でしょう。すると、ニーズはないということになります。

しかし我々は、今日ここでしたような話をしますので、マレーシアがそういう状況なら見に行きたいという話になります。**行ってみれば、これはできそうだとか難しそうだとかがわかりますから**、それを基に議論ができます。なので、意識しなくても差別化はできています。

Q

イスラムには「イスラム国」などのネガティブなイメージもありますが、これらはどのように解消しますか。（中山 智浩）

マレーシアに限らず、インドネシアやほかの東南アジアのイスラム教国へ行ってみるとわかりますが、みんながイスラム国のようなことをしているわけではもちろんなく、彼らはイスラム国も9・11も支持していません。いい迷惑だとはっきり言います。

パキスタンはイスラム教国で、9・11以降も、いわゆる西側諸国とはいろいろな軋轢が起きていますが、しかし、パキスタンの人たちは日本が大好きで、**パキスタンでは日本車のシェアが9割**を占めています。

現状、所得の低い国なので今日お話ししたようなビジネスはまだできないかもしれませんが、何年後かにそれができるようになったとき、パキスタンを「**最悪の国**」と思ってい

ると、大きく判断を誤ることになるでしょう。

ビジネスにはリアリティとディテールが必要です。マクロで全体感を捉えることも大事ですが、しかし、特に消費財を売るようなビジネスの場合は、いかに消費者に財布を開いてお金を払ってもらうかという話なので、**現地に何度も、いろいろな時期、いろいろな時間帯に行って、いろいろな情報を**得ないと、うまくいきません。

Q

ハラールファンドの次にやりたいことは何ですか。(佐藤 秀和)

何も考えていません。**事業開発の仕事は、計画してできることではない**からです。

ハラールファンドはあと9年ありますが、その9年間でどんな経験や人脈を築けるかはまったくわかりません。**今の時点で9年後のことを考えると、非常に狭い未来しか見えてこない**と思います。そうやって将来のオプションを狭くする必要はないのではないでしょうか。

ではなぜハラールファンドを始めたのかというと、それはテーマを見つけてしまったからです。

「東京から来たインスパイアです。投資をしています」と言われたら、地方の同族企業の経営者の9割9分は身構えます。ファンド、イコール、ハゲタカという印象もあるのでしょう。インスパイアはハゲタカ的なことは一度もしていませんが、十把一絡げにされることはあります。

しかし、そういった企業は地方銀行とは創業来、付き合いがあるなど信頼関係があるので、地方銀行に間に入ってもらうと障壁はなくなります。こうなると「ASEANに打って出たいのだけれども、いいパートナーを紹介してもらえませんか」という話になるので、これはファンドでやった方がいいなと思って、始めました。

あと9年やるからには、**マレーシアで称号を手に入れるところまでやりたい**と思っています。マレーシアには称号制度がありまして、民間人は貢献実績に応じてダトー（Dato）、ダトースリ（DatoSeri）、タンスリ（TanSri）と上がっていきます。お話ししたすし金の創業者の小西史彦さんはタンスリ、松下幸之助さんもそうです。

僕は9年間を費やすのだから、ダトーにはなりたいですね。こういうことを言うと、ダトーは金で買えるという話も聞こえてくるのですが、**まっとうにダトーになりたい**と思っています。

Q うまくいく新規事業はどのようにあたりをつけていますか。（岩月 顕司）

新規事業がうまくいくかどうかは、**良好なギャップがあるかどうか**で決まります。今回で言えば、これからプレミアム消費が始まるのにプレミアム商品が供給されていない地域があり、日本の地方にはあまり知られていない質のいいジャパンプロダクツがあるので、そのギャップを埋める仕組みをつくれば利益を顕在化できます。**ギャップは大きければ大きいほど、リターンは大きく**なります。

なので、リスクが大きいほどチャンスがあるということです。**リスクはハザードではありません**から、そこを見極めるということです。

Q 若い社員を投資先に送り込み、そのまま転職されたことがあると聞きました。それをどう受け止めていますか。（大川 浩和）

気にしていません。**来る者は拒まず去る者は追わず**です。

インスパイアにいると、ひとりで3社くらい担当します。それぞれができるので面白いという人もいる一方で、そのうちの1社に集中したいという人も出てきます。それだったたらどんどん出ていってもらって良いと思っています。その代わり、こちらは大株主ですから、**しっかり働いてリターンを**もたらしてもらえればいいと思っています。

成毛チェック！

高槻さんのイスラム教のお話に関連して、お薦めしたい本があります。『モーセと一神教』。フロイトが80年ほど前に書いた遺書のような作品です。一神教の流れを非常にざっくり言えば、まずユダヤ教ができ、その派生としてキリスト教ができ、そのバージョンアップ版としてイスラム教ができていくわけですが、そもユダヤ教はどのようにできたのかについて、フロイトによるユニークな解釈が展開されています。それを信じるか否かは別として、世界を捉える際の基礎知識として、宗教について無視することはできません。例えば、一神教間の対立が犠牲者を生み続けている現実を知ることも、現代における素養のひとつと言えるでしょう。

第 6 講

戦略構築のための「未来予測」をビジネスに

田中 栄　アクアビット代表取締役 チーフ・ビジネスプランナー

延長線上に「答え」はない。社会の変化に目を凝らせ

田中的仕事学 3つのポイント

❶「予測」は目的ではない。それを土台にビジョンを描け

❷次世代技術をいち早く使いこなし、自らの武器とせよ

❸悲観的な常識人になるな。「楽観的な変わり者」であれ

田中 栄（たなか・さかえ）

1966年、北海道札幌市生まれ。90年、早稲田大学政治経済学部卒業。同年、CSK入社、社長室所属。CSKグループ会長・故・大川功氏のもとで事業計画の策定、業績評価など実践的な経営管理を学ぶ。93年、草創期のマイクロソフトに入社。WordおよびOfficeのマーケティング戦略を担当。「一太郎」とワープロ戦争を繰り広げ、No.1ワープロの地位を確立した。98年、ビジネスプランナーとして日本法人の事業戦略立案を統括。2002年に同社を退社後、2003年にアクアビットを設立、代表取締役に就任。……そして現在は「未来予測」を生業としています。未来の社会を予測するのは難しい。でも、確実に言えるのは、未来は過去の延長線上にはない、ということ。「未来予測」は、政治、経済、技術要素、ライフスタイルや価値観など、様々な社会全体の変化を見通して、その中でどう生きるか？を考える土台となるものです。そして明るい未来とは、誰かの力に頼るものではなく、自らが切り拓き、築いていくものなのです。

1966年	北海道札幌市に生まれる
1990年	早稲田大学政治経済学部卒業
1990年～	CSK入社。故・大川会長に経営管理を学ぶ
1993年	マイクロソフト入社
1993年～	Word、Officeのマーケティングを主導
1998年	日本法人の事業戦略立案を統括
2002年	マイクロソフトを退社
2003年	アクアビットを設立、代表取締役に就任
2003年～	『未来予測レポート』事業化、累計1300社導入
2014年	「未来予測コミュニティ」をスタート

未来を「待つ」のか？「創る」のか？

私の仕事は「未来予測」です。なぜ多くの企業から未来予測へニーズがあるかというと、2つあります。ひとつは中長期戦略の策定、そして将来のビジョンを描くためです。**ビジョンを考えるためには、その前提となる将来の社会全体の姿を共有することが不可欠**です。

未来は**過去の延長線上にはありません**。「こういう未来になりそうだ」という共通認識ができれば、そういう社会の中で「我が社はこうありたい」「こうなっていないとならない」という想いも共有できるようになるはずです。そして「そういう我が社」になるためのアクションが中長期戦略の柱となります。今の流行り言葉で言えば、**バックキャスト**です。

バックキャストは、未来は「創る」ものであることを象徴する言葉でもあります。以前は経済は右肩上がりで成長していました。しかし、今はデフレの時代です。人口は増えるのが当たり前だったのが、すでに減少に転じています。

15年前と言えば、ＩＴ業界ではｉモードが普及し始めた頃です。当時はマイクロソフトもインターネットに対して半信半疑でした。15年前と今とでは社会は大きく変わりました。
本日、私がお伝えしたいのは、これからの15年で社会はもっともっと大きく変わるということです。それは過去の延長線上にはない、新しい社会といっても過言ではありません。

全体最適のためにはビジョンが不可欠

今、**経営陣と現場の意識の乖離が大きくなって**います。

例えば、自動車メーカーのエンジン部門のトップは、自分の部門の利害や部下の立場がある以上、これからは電気自動車の時代だとは言えません。現場は常に「部分最適」でものごとを考え、与えられた役割の中でベストを尽くそうとするのは当然です。

そういった現場からの意見を判断し、成長戦略を描く。それが、これまでの経営者の仕事でした。しかし、経営者は会社全体をどうしていくかを考えなくてはならない立場です。ビジネスのフレームワークを変えられるのは経営者だけです。

「全体最適」を行うために、経営者はリーダーシップを発揮し、会社全体として何を目指すのか、ビジョンを示さなければなりません。

ビジョンが明確であれば、社員のモチベーションも上がります。特に**20代、30代の優秀な社員は、目先の給与や昇進よりも、仕事のやりがいを重視する傾向が強くなって**います。

組織だからこそできることをしたいという希望を持っているのです。

会社としてどこに向かおうとしているのか。ビジョンという形で定まっていれば、苦しい時期もその実現に向けて頑張ることができます。

会社のビジョンは、社員にとって求心力になります。さらにその求心力は、パートナーや顧客にも波及します。このビジョンがはっきりしている会社は強いです。

そして、繰り返しになりますが、ビジョンを策定するためには、そのときに社会がどうなっているかという前提が必要ですので、未来予測が必要というわけです。

では、これから社会はどのように変わっていくのでしょうか。『未来予測レポート』では、**サステナビリティ、ライフ・イノベーション、クラウド・コンピューティング**という3つのメガトレンドでこれを表現しています。

サステナビリティとは、ひとことで言えば、これからは**「モノが足りない」ことがビジネスの新しい前提になる**ということです。

今、私たちは食料もエネルギーも、お金さえ払えば、いくらでも手に入れることができます。しかし、このような前提は今後も続くのでしょうか。

サステナビリティとライフ・イノベーション

２０１３年時点で世界の人口は約73億人です。50億人に達したのはいつだったかというと、１９８７年です。約四半世紀で23億人も増えました。50億人の半分の25億人に達したのは１９５０年、団塊の世代が生まれた頃です。それから半世紀くらいのうちに、人口は約3倍にも増えたのです。

ではこれからはどうなるかというと、国連は、**２０５０年には約96億人になる**と予測しています。先日まで92億人だった予測が上方修正されています。

つまり、こういうことです。人類の歴史は、わかっているだけで５００万年あるそうです。約５００万年かかって、人口は１９５０年にようやく25億人になりました。それが、たった60年で3倍に膨れ上がり、１００年後には１００億人に迫ろうとしているのです。

未来を予測することは確かに難しいことではあります。でも丁寧に見ていくと、かなり高い確度で予測できることはたくさんあります。その最たるものが人口です。35年後に1億や2億程度のズレはあるかもしれませんが、大きな戦争や天変地異でもない限り、この予測は当たるでしょう。つまり、未来は予測できるのです。

人が増えれば、その分、食料やエネルギーが必要になります。つまり、**食料やエネルギー、水がどれくらい必要になるかもまた、高い確度で予測できる**ということです。

しかし、人口が３倍になったら必要な食料の量が３倍になるという単純な話ではありません。経済的に豊かになれば、おいしいものを食べたいと思うのは万国共通です。中国で食肉の消費量が増えているという話は皆さんも聞いたことがあるでしょう。その肉をつくるためには、穀物が必要です。経済成長によって穀物へのニーズは、人口が増加するペースの、さらにその何倍か増えるということです。

現在の日本はその穀物の約７割をアメリカや中国から輸入しています。でも今後も、今と同じようなことを続けることができるのでしょうか。

続いて、ライフ・イノベーションです。現在、生命の設計図であるゲノムの解析が急速に進んでいます。２００３年にヒトゲノムの解析が完了しました。しかしこれはタンパク質の配列がわかっただけに過ぎません。つまり遺伝子の解明は始まったばかりなのです。

ゲノムの解析が進むとともに、人はなぜ病気になるのか、老いとは何か、死とは何か、記憶とは何かといった、**生命の根源に関わることが次々とわかって**きています。

先日、女優のアンジェリーナ・ジョリーさんが乳がん予防のために乳腺の切除をしたことが世界的に大きな話題になりました。これは、ＢＲＣＡ１という遺伝子に問題があり、乳がんにかかりやすいことがわかったからです。もちろん、病気の原因のすべてが遺伝子というわけではありません。でも、ある病気の原因が遺伝子であることが判明すれば、その治療や予防が可能になります。当然、薬も変わります。

ゲノム解析は生命のメカニズムを解明することでもあります。その解析によって医療だけでなく、**農業や漁業、畜産も革命的に変わるでしょう。さらに、我々の価値観やライフスタイルまでも大きく変える**ことになるはずです。

コンピューティングがあらゆる産業に広がる

そしてクラウド・コンピューティング。これが本日のメインのテーマです。

クラウドはコンピューティングの革命です。これから10年で、サステナビリティもライフ・イノベーションも我々の生活に大きな変化をもたらすのは確実です。しかし、これからの時代に最も大きな影響をもたらすものは何かと尋ねられたら、私はクラウド・コンピューティングと答えます。それはなぜか。

クラウドはあらゆるビジネスにおいて前提条件やルールを変えるものだからです。それは**商流、物流、金流のスピードがアップするだけでなく、バリエーションも広げる**ことに象徴されます。『未来予測レポート』ではこれを「トリプル・ベロシティ」と呼んでいます。

まず、商流は情報の流れであり、マーケティングが変わることを意味します。

これまで企業が自社や自社製品・サービスに関する情報を消費者に伝えるために使ってきた手法は、テレビや新聞、雑誌への広告出稿というマスマーケティングでした。でも、広告の制作にも出稿にも多額の費用がかかるため、これができるのはほぼ大企業に限られていました。

ところが、皆さんはすでに触れていると思いますが、例えばフェイスブックなどの広告を使えば、大阪に住む、40代の、花が好きな、女性だけにメッセージを出すこともできます。広告の制作も、自分でやろうと思えばできますし、ターゲットからの反応をダイレクトに得られる双方向性も持っています。

本来、「こういう製品があります」という情報発信を必要としているのは、大企業より中小企業や個人です。これから広告の主役は中小企業や個人へと変わっていくでしょう。

そして、マーケティングにおけるもうひとつの大きな変化は、こだわりや奥行きを思う存分伝えられるようになることです。これまでA4判1枚のパンフレットや15秒間のテレビCMの中では、伝えられる情報量には限りがありました。でもこれからは、ブロードバンドを使えば、知りたいと思う人にはいくらでも欲しい情報を届けることができます。しかも**非常に低コストで、ピンポイントで伝える**ことができます。今までのように目先を変えるために新商品を次々に出すのではなく、こだわりのある商品を、その価値を理解してくれる顧客に対して提供する。じっくり育てる商品が増えていくはずです。

物流は文字通りモノの流れ、小売りと配送を指します。この分野ではいろいろな変化がありますが、最たるものと言えるのは、即日配送の定着です。少なくとも大都市圏では、**注文から2～3時間後の到着が当たり前に**なるでしょう。すでにアマゾンでは一部の地域で始まっていますが、ほかの会社もこれに追従を始めています。

小売りの分野では、街中のCDショップや書店の閉店が相次いでいますが、即日配送の仕組みが整うと、この流れが今度は食品、特に生鮮食料品にも広がってきます。食品もネットで買うことが生活習慣になり、さらにポイントまで付くようになると、例えばピザや弁当のデリバリーも、アマゾンなどのネットサービスを使うことが本格化するでしょう。

金流はお金の流れ、すなわち決済や投資です。ここでの最も大きな変化は**決済手数料ゼロが当たり前に**なることです。例えば、タブレットに接続して使うスクエアという端末を利用すれば、手数料わずか3・25％で、今や誰でもカード決済ができるようになりました。グローバルではすでに手数料0円のネット決済サービスもいくつか登場しています。

こうなってくると、わずかな決済手数料よりも、その人が何を買ったか、という情報の方が価値を持つようになるのです。例えば、猫グッズをたくさん買っている人がいれば、その人が猫好きなのは明らかです。他の猫グッズをお勧めすれば、高い確率でその商品を買ってくれるでしょう。そして商品の販売マージンは決済手数料をはるかに上回ります。**情報はわずかな手数料より価値がある**のです。

商流・物流・金流はあらゆるビジネスの基礎というべきものです。これが変わるということは、ビジネスのルールや前提条件が変わるということ。このトリプル・ベロシティが今、一気に加速している背景には、クラウド・コンピューティングの広がりがあります。

コンピューティングはモノからサービスへ

さて、クラウド・コンピューティングとは何でしょう。実は本場アメリカでも、クラウドについて明確な定義はありません。ここでは、ブロードバンドを前提とするサービスをクラウドとします。

ブロードバンドとは超高速のネットワークです。専門家は何bps以上をブロードバンドというかなど、スペックの話をしたがります。しかし、大事なのはそこではありません。

ブロードバンドの本質は映像をスムーズに流せること。そして求められる映像は時代とともに変わるのです。1ビット当たりいくらの従量制では映像は高額になりますので、定額制である必要があります。定額制であることは、常時接続ということでもあります。

映像はこれから4K、8Kとさらに高精細になっていくのは確実です。通信網は現在のDSLでは力不足となって光回線が必須になります。無線通信も高速化が進み、映像がスムーズに流せるようになります。このような高速ネットワークが広がることで、コンピューティングそのものが、革命と言っていいくらい劇的に変わるのです。

一昔前まで、ITという言葉はパソコンを指していました。それが近年ではICTという言葉の方が好んで使われるようになりました。ここで使われる「C」はコミュニケーションを指します。これは、必要に応じてサーバーに接続することが当たり前になり、コンピューターとネットワークは不可分になったことを物語っています。

そして今は、そのネットワークがブロードバンドになり、さらにサーバーはデータセンターへと変わりました。このデータセンターは、構造的にはスーパーコンピューターと同じ。つまり、我々は**スマホでネットワークの向こうのスパコンを使い始めている**のです。

そしてこれから、つながるものはスマホやパソコンだけでなく、タブレットや車、テレビへと広がっていくでしょう。IoT（Internet of Things）という言葉があるように、あらゆるエレクトロニクス製品が常時接続でインターネットの先につながるようになります。エレクトロニクスメーカーの多くは、二言目には「うちはものづくりの会社」と言います。しかし、顧客が求めるのはいい半導体やいいソフトウエアではなく、**いいコンピューティング**です。それがハード、ソフトいずれによって実現されているかは顧客にとってはどうでもいい話です。

これからのエレクトロニクスにはコンピューティングが不可欠であり、両者は不可分になります。『未来予測レポート』ではこれを「クラウドロニクス」と呼んでいます。そしてコンピューティングは、パソコンというモノから、ブロードバンドを通じてデータセンターの処理能力をサービスとして提供する時代へと変わっていきます。

主役はキーボードから音声へ

では、それによって何が変わるのでしょうか？ これまでのコンピューティング性能は、ローカル側にあるパソコンのパフォーマンスで決まっていました。しかし、ブロードバンドによってデータセンターと一体化することで、飛躍的に性能が上がりました。スーパーコンピューターに匹敵する能力が使えるようになったことで、今までできなかったことが一気にできるようになったのです。

では、具体的に何が変わるのか？　いろいろな変化がありますが、その中でも最大というべきものはインターフェースの変化です。

グラフィカル・ユーザー・インターフェースが普及するきっかけとなったＯＳ、Ｗｉｎｄｏｗｓ３・１の登場は１９９３年。Ｍａｃｉｎｔｏｓｈが本格的に広がり始めたのもこの頃です。これ以前に使われていたＭＳ－ＤＯＳなどに比べると、マウスを使って図形を動かす直感的な操作で普及が進みました。しかし、その後の四半世紀、この本質はほとんど変化していません。

一方、スマホでは、皆さんも今までとは違う変化を感じていると思います。動画や音声がインターフェースとして本格的に使えるようになったことです。パソコンより非力なはずなのに、なぜそんなことができるようになったのか。それは裏側にデータセンターがあり、スパコンが動いているからです。

ちょっとここで、実演してみましょう。私は毎回『未来予測レポート』を40万から50万字、書いています。かつては書くごとに腱鞘炎になっていました。でも今はそんなことはありません。**ほとんどを音声で書いている**からです。１万円くらいのソフト、１０００円足らずのマイクを使えば、こんな風に入力できます。

「皆さん、ご存じでしたか。今や音声を使うとこんなに簡単にデータが入力できるんです。私も最初、びっくりしました。特別なトレーニングは一切していません。これは**戦国時代の鉄砲に似ている**と思います。確かに完璧ではありません。だけど、その欠点をうまく補いながら、その力を利用すること、つまり、新しいテクノロジーをいち早く自分の力にすることによって、戦闘力を何倍にも高めることができるのです」

事務能力を飛躍的に上げる

私はタイピング速度には自信がありました。でも音声入力のスピードにはまったく敵いません。おそらく皆さんも次の時代には、「先輩、まだキーボード使っているんですか」と言われるようになると思います。

私はマイクロソフト時代、ワードを担当していました。このような音声入力を実現したいと思っていましたが、その頃はまったく使い物になりませんでした。なぜかというと、それがパソコンだったからです。クライアント側での処理能力、そしてストレージ能力はたかが知れているからです。

ではなぜ今このようなことができるようになったのか。それは先ほど説明したように、ネットワークの向こう側でデータセンターが動いているからです。データセンターは、巨大なサーバーではありません。ブロードバンドを通じてその能力をサービスとして利用しているから、音声入力のような機能が実現できるのです。これをうまく使いこなせれば、皆さんの事務能力が飛躍的に上がることは、簡単に想像できると思います。

テレビとは何か

これだけ正確に音声認識ができるようになると、もっと大きな変化が起こります。最近、テレビはこれからどうなるのかと聞かれます。そのとき、私は質問を返すようにしています。「テレビっていつまであるのでしょうか」「そもそも、テレビとは何でしょうか」と。

テレビとは、言うまでもなく映像を見るための装置です。これまでは電波を受信する以外に映像を見る手段がなかったため、放送が家庭向けの映像配信を独占していました。しかし今や、映像をスムーズに流せるブロードバンド環境が整いつつあるのです。

私は最近、テレビはほとんど見ていません。見たい番組は、たいていオンデマンド配信をしていますので、好きなときにタブレットなどで見ています。

ここで申し上げたいことは、今まで私たちが**テレビやパソコン、電話と呼んできたもの。これらはすべて20世紀の社会がつくった概念**であるということです。電話とは何ですか。

相手と音声でコミュニケーションをとるためのものですよね。しかし今は、スカイプやＬＩＮＥを使えば、パソコンやタブレットでも会話できます。改めて電話とは何でしょうか。

でも皆さん、スマホで映画を見ていて楽しいですか。ひとりで楽しむとしても、タブレットくらいのサイズは欲しいと思うでしょう。さらに家族みんなで楽しみたいと思うなら、リビングルームにテレビくらいの大きさのディスプレイはやはり必要です。**スマホとタブレットとテレビ、できることは皆同じです。違うのは役割、大きさ、そして場所**なのです。

ですから、これから皆さんが未来を考えるにあたっては、プロダクトの概念そのものが変わったことを意識していただきたいと思います。

開発環境も、大きく変わろうとしています。ＷｉｎｄｏｗｓやＭａｃｉｎｔｏｓｈなど、これまではクライアント側で開発するのが常識でした。しかし最近は、アマゾンのＡＷＳなどネットワークの向こう側で開発をするのが当たり前になりました。

先ほど見ていただいた音声認識は、ユーザーインターフェースとしても使われ始めています。例えばアップルのＳｉｒｉに、「今日は雨が降りますか」と尋ねると「今日は雨は降らないようです」というような返事が返ってきます。天気がわかるということは、**会話の裏側で検索エンジンが動いている**ということ。そしてどこかのデータベースへ天気の情報を参照しにいっているわけです。

この会話の精度を高めるには、人工知能が不可欠です。現実世界の我々の会話は、文法はめちゃくちゃだったり、短縮語やスラングなども混じります。人工知能というのは、長らくSFの世界の話だと思われていました。しかし今や、**コンピューティング環境がクラウドへと変わったことで人工知能は実現可能に**なったのです。

人工知能の時代

人工知能というと「昔からやっていたよね」などと訳知り顔をする人がいます。しかし人工知能が本当に使えるようになったのはつい最近。理由は人工知能に必要なストレージのコストが極端に下がり、コンピューティングも分散処理ができるようになったからです。これによって、**認識や判断の領域でもコンピューターが人間を超え始めました。**

これまでコンピューターは学習できないということが常識とされてきました。確かに、コンピューターは意志を持たないので、自ら学習することはありません。しかしこれからは、人々はSNSなどに日々新しい情報をアップロードします。そしてネットワークにつながる様々な機器が大量のデータを自動的に吐き出すようになります。これらのデータを基にコンピューターは新しいことを学び、古い知識を更新することが可能になるのです。

こういう話をすると、人間の仕事がなくなってしまうのではないかと危惧する人も少なくありません。でも考えてみてください。すでに私たちは記憶力ではコンピューターに負けています。でもそれを使って仕事をしているではありませんか。コンピューターは責任を取ることができません。プログラムや元データにミスがあれば、コンピューターも間違えます。人間なら簡単にわかるような誤りでも、コンピューターにはそれが正しいかどうか判断ができません。なぜなら、その判断の基準となる常識や倫理観を持っていないからです。コンピューターはどこまで行っても道具なのです。

しかし、過去のファクトに基づいて正確なオペレーションが求められるような領域では、コンピューターは人間と置き換わっていくでしょう。ひとつ例を挙げるとすれば、車の自動運転です。現在の自動運転技術はまだ初期段階のものですが、それでも**事故率は人間の運転と比べて10分の1以下**だそうです。

これからの時代、スマホを持ち歩くということは、目には見えないけれど、スーパーコンピューターをぶら下げて歩くということです。同様に、テレビや自動車でもネットワークの向こう側にはスパコンがあるのです。

こういう時代の中で、単にユーザーとして漫然と使うだけなのか。それとも新しいビジネスの契機として捉えるのか。それは皆さん次第です。

社会が変われば、求められるビジネスも変わる

では、このような変化とともに、ビジネスは今後どのように変わっていくのでしょうか。

(1) 電力と通信の一体化、映像の主役は放送から通信へ

エレクトロニクス、デジタルサービス、通信などの分野は、「クラウドロニクス」と呼ぶべきひとつの産業となり、他の産業の土台となっていくでしょう。

例えば、電力と通信。今は別業界扱いですが、どちらも強みは家庭とがっちりつながっていることです。結論から言いますと、これからは**電力と通信はセットで提供されるのが当たり前に**なります。すでにソフトバンクやＫＤＤＩは電力事業に参入しており、２０１６年からの完全自由化を踏まえて、電力小売りに参入することを表明しています。そうなると、ＮＴＴは今後ますます厳しい状況に追い込まれるでしょう。

近い将来、ＮＴＴは放送局的な役割を持つようになる、と私は予測しています。今、家庭には、電話線と光ファイバーの両方が通じていますが、銅線を使った電話線は近い将来、廃止することになるでしょう。つまり、いずれ光ファイバーに一本化されていくわけです。

ところで今、４Ｋテレビが注目を集めていますが、地上波放送では民法は対応する予定がないことを知っていますか。４Ｋの試験放送は現在、スカパーが提供していますが、ス

カバー自身もこれを事業化する予定はありません。４Ｋに対応するためには、機材をすべて入れ替える必要があります。しかし、４Ｋにしたところで、コマーシャル料金が4倍になるどころか、収入はほとんど増えないでしょう。そのため、テレビ局がインフラ投資に消極的なのは当然です。

そこで通信です。私たちがパソコンやタブレットで見ているのと同じ品質の映像を、テレビくらいの画面で見ようとすると、４Ｋ８Ｋは必然です。ですから、４Ｋ８Ｋ映像の担い手はネットサービスであり、**家庭向けの映像配信の主役は放送から通信へと移り変わっていく**、と私は予測しています。

スマートテレビを利用するには、双方向性が不可欠です。放送は基本的に一方向であり、これも主役が通信へと変わるという必然的理由です。

これからテレビの世界で起ころうとしていることは、携帯電話ですでに起こったことと同じです。スマートフォンでは、通話はひとつの機能に過ぎなくなりました。これと同じように、スマートテレビでは、番組配信はひとつの機能でしかなくなるでしょう。さらに、データセンターと一体化することで、チャンネルの変更やボリュームの調整などは、音声で簡単に操作できるようになるはずです。たくさんボタンが付いたリモコンは過去のものになるでしょう。音声認識への対応は、２０３０年と言わず、２０２０年くらいから本格化してくると思います。

2030年には、多くの家庭ではテレビとは別に、もうひとつ新しいプラットフォームができていると私は予測しています。それは、ヘッドマウントディスプレイを使った「体験」です。オキュラスリフトを使ったことのある人はどれくらいいますか。もしまだなら、最近は秋葉原などで体験できる機会が増えているので、ぜひやってみてください。360度広がる映像、その没入感は今までとは別世界です。そしてこれは、光ファイバーによるブロードバンド環境があるからこそ実現できるのです。

こういう環境が生まれると、今まで平面上で楽しむしかなかったゲームやコンサートなどが、**圧倒的なリアリティで体験**できるようになります。BtoBでは、離れた場所にいても、実際にその場にいるような感覚でテレビ会議に参加できるようになるでしょう。

(2) クリエイティブサービス

では、そういうコンテンツやサービスを誰がつくるのでしょうか。私はこの分野を日本がリードすると予測しています。実際、日本はオキュラスリフトの優先出荷先になっています。なぜなら日本人は、面白いプラットフォームがあると、その上にいろいろなソフトをつくってしまうアマチュアのプログラマーやクリエイターがたくさんいるからです。ニニコニコ動画などで**初音ミクの映像や楽曲が日々当たり前のように投稿されていますが、これは、外国人から見ると驚くべきこと**なのです。

クリエイティブサービスは将来の日本にとって、外貨を稼ぐという点でも重要な分野になるでしょう。これまでのものづくりとは違い、デジタルなサービスを利益化する人たちが日本の将来を担っていくことになるでしょう。

日本の強みは、クリエイティビティとITリテラシーを兼ね備えていることです。ITリテラシーとは、プログラミングなど開発能力ではありません。**コンピューターを道具として使いこなす能力**のことです。日本は豊かな伝統文化に加えて、経済的に恵まれたことで、多くの人がたくさんのいいモノに囲まれています。長年にわたってパソコンを使っている人も数多くいます。

中国やインドにも、クリエイティブの天才はいるかもしれません。しかしその天才たちも、環境がなければその天賦の才を発揮することはできません。あれだけ日本を嫌っている韓国や中国の人々が、なぜユーチューブなどに投稿された日本の動画を再生し、熱心に翻訳までしているのか。国内にはあまり良いコンテンツがないからです。そしてそれは経済力や文化的成熟度にも深く関わるものであり、そう簡単に追いつくことはできません。

アメリカやヨーロッパには、洗練された文化があり、絵画や音楽の才能に恵まれたクリエイターはたくさんいます。しかし、例えば音楽ならデスクトップミュージックとして、絵ならそれをCGとして描けるかというと、それは別のスキルです。

マイクロソフト時代、ビジュアルベーシックと言う開発ツールが、アメリカよりも日本の方がたくさん売れていた時期がありました。アメリカ人はこれを大変不思議がっていました。アメリカではプログラマーは職業です。しかし日本では、趣味＝プログラミングという人は珍しくありません。アマチュアなのに、プログラムを書ける、格好良くビデオ編集ができる、3DのCGが作れる。こういうことは、世界では当たり前ではありません。

初音ミクの「World is mine」という曲もアマチュアが作ったものですが、iTunesの世界ランキングで最高7位になり、アメリカではトヨタのCM曲としても使われました。こんなに世界で活躍した日本のアイドルが、リアルの世界でいたでしょうか。

日本人はこれから自らのクリエイティビティの価値に気づき始めるでしょう。

(3) 自動車から小型モビリティへ

自動車分野でもこれから大きな変化が始まります。最大のポイントは、先進国と新興国でマーケットが2分されることです。先進国の車は、コンピューティングやサービスで差異化を図ろうとします。一方で新興国は、まず移動・輸送の手段を求めています。それは、小型モビリティと呼ぶべき、屋根付きのバイク程度のものから、上は軽自動車クラスのものが中心となっていくでしょう。

つまり、**我々が車だと思っているものがそのまま普及するわけではない**ということです。

これと似た現象は、すでにスマホで起きています。スマホといえば、日本ではｉＰｈｏｎｅやＸｐｅｒｉａ、ＧＡＬＡＸＹをイメージする人が多いと思います。しかしアジアで使われているスマホは、サムスン製でも新興国向けの機種、１００ドルくらいの安いものです。スマホという名前は同じでも、中身は全然違います。これと同じことが自動車でも起こるということです。

中国は経済的に急成長を遂げていますが、それでも一人当たりのＧＤＰは７０００ドル程度です。一方、先進国は軒並み４万ドルを超えています。中国が今後10年間、７％の成長を続けたとしても、１万ドルを少し超える程度にしかなりません。インドに至っては現在１７００ドルくらいですから、彼らが先進国の経済水準に肩を並べるようになるのは、極めて難しいことです。中国やインドは将来的にも先進国にはなれないでしょう。

それでも携帯電話や車が欲しいのは同じです。結論は、普及する価格帯が自ずと変わってくる、ということになります。

日本の自動車業界は最近、「モビリティ」という言葉を盛んに使うようになっています。

これは、今までの「自動車」とは違うんだ、という強い意識の表れです。

もうひとつこれから自動車分野で起こる変化は、**パワートレイン（動力）**です。日本では電気自動車というと環境対策として捉えられがちですが、世界が目を向けているのは、**エネルギー安全保障**です。

現在の自動車の普及台数は、アメリカで人口100人当たり80台、日本やヨーロッパが大体60台程度です。現在、世界最大の自動車市場は中国であり、年間約2000万台も売れていますが、それでも普及台数では100人に8台に過ぎません。インドに至ってはまだ2台程度です。

今後、中国とインドが世界有数のエネルギー消費国になっていくことは間違いありません。中国はすでに、アメリカに次ぐ世界第2位の石油輸入大国です。インドは自動車がまだほとんど普及していないにもかかわらず、石油自給率は3割以下です。インドと中国はモータリゼーションが進む中で、今後も石油を確保し続けることができるでしょうか。

ですから結論は決まっています。**将来にわたって車に乗り続けるためには、エネルギーをガソリンから電気に変える**必要があるのです。中国は現在、5年間で総額約1・7兆円という巨費を投入して、充電インフラの整備を進めています。PM2・5をはじめとする汚染対策でもあるのですが、これを見越したことでもあります。

新興国では、電気で動く小型モビリティの普及がすでに本格化しています。フィリピンではトライシクルという、バイクに荷台を付けた簡易タクシーが約350万台走っています。フィリピン政府とアジア開発銀行は、これを10万台単位で電動にリプレースしています。ここには日本のベンチャーも入札に参加しています。

大きめの小型モビリティでは、日本の軽自動車メーカーが大きな存在感を示すようになるはずです。**ガラパゴス扱いされることが多い軽自動車ですが、実は大きな可能性**を持っているのです。すでにインドでのシェアの半分をスズキが占めています。

新興国向けに開発された電動小型モビリティは、日本にも入ってくるでしょう。当然、低価格です。日本の自動車メーカーは、安さを競うのではなく価値を高めること。そしてサービスによる囲い込みが活発になるでしょう。携帯電話のように本体を極端に安くして、電気料金や通信料金など月額利用料金で主に稼ぐ販売モデルも出てくると思います。

また、バイクや自転車に近い超小型モビリティの利用が**都市部を中心に広がる**でしょう。すでにヨーロッパでは、自転車を載せて路面電車で移動するケースが珍しくありません。小型モビリティで駅まで移動し、駅から駅までは路面電車、降りてからまた小型モビリティ、という新しいライフスタイルが定着すると思います。

新興国メーカーとの差異化を図るためにも、先進国ではコンピューティングとの融合、すなわちインテリジェント化が進んでいきます。自動運転は言うまでもなく、車と本格的な会話が楽しめるネットサービスが人気を集めるでしょう。トヨタのＴ－Ｃｏｎｎｅｃｔはその先駆けといえます。

車とは、別の見方をすれば、**足の機能を拡張するもの**と言えます。注目されるのは、ホンダが長年培ってきたロボット技術を応用して、義足のプロトタイプをつくったことです。エンジンからモーターへ動力が変わることで、新たな事業領域も広がっていきます。これからの自動車産業は、**「ロボトロニクス」とも呼ぶべきロボット産業**としての側面が強くなっていくでしょう。

（4）流通

倉庫のハイテク化が進んでいきます。そうしないと即日配送は実現できないからです。倉庫というと大きな物置のような姿をイメージするかもしれませんが、**即日配送に対応するためには倉庫全体を大きなロボット**のようにハイテク武装する必要があるのです。

ヤマト運輸は２０１３年８月から、羽田クロノゲートというスーパーハイテク倉庫の運用を始めています。コンピューター制御のベルトコンベヤーやロボットアームなどを配備しています。

（5）医療

オーダーメイドで制作できる3Dプリンターは医療分野で広く利用されるようになるでしょう。近年、3Dプリンターは、プラスチックだけでなく金属やセラミックスなど様々な材料が利用できるようになっています。これによって短時間でオーダーメイドの人工歯や人工骨を作れるようになります。

ただ、人工骨を病院の中でつくれるかというと、それは難しそうです。歯科医師に対して歯科技工士がいるように、医師に対しても専門の技術者やサービスが求められるようになるでしょう。では、誰がやるのか。それは**先に手を挙げた人の勝ち**です。

薬については、ゲノムのところで触れた通りです。薬がオーダーメイドになることで、コストは高くなるでしょう。そのため、全員がオーダーメイド医療を受けることは難しく、自由診療扱いとなると思います。一方、最先端医療を目当てに中国人など外国人患者の来日が増えるはずです。自由診療専門のクリニックチェーンが数多く生まれるでしょう。

私はすべての産業の中で、この医療分野が最も大きな変化を遂げると予測しています。なぜなら、「命は皆平等」という大原則の下、これまで社会主義的なシステムだったものが、これからは**お金持ちなら臓器も新しいものに換えられる**という、極端に資本主義的な世界に振れるからです。医療格差は日本でも深刻な社会問題になると思います。

これまでの薬は、「化学」を中心につくられていました。しかし、ゲノム解析によって生命のメカニズムの解明が進むにつれて、生理学が創薬の主役になるでしょう。平たく言えばバイオです。

もうひとつ注目すべき変化は、メガファーマの仕事が「薬を創る」ことではなく、「ビジネスを創る」ことがメインになっていることです。創薬は大学やバイオベンチャーが行い、その有望なシーズを商品化するリスクを引き受けるという分業化が進んでいます。それに伴って、メガファーマのトップに求められる専門知識も**薬学から生理学や統計学、ファイナンスへ**と変わりつつあります。

このような変化は、実は20年くらい前から始まっていました。しかし日本の医療業界は国内で閉じられているため、一般の人々はガラパゴス状態にあることを知りません。これから医薬品業界では大きな再編が起こるでしょう。

患者が本当に求めているのは、**病気を治すことではなく、病気にかからないこと**です。今まではできませんでしたが、ゲノム解析の進展とともに、様々な病気を防ぐことが現実として可能になるでしょう。

今、アメリカでの自己破産の原因の6割は医療費によるもの。そのうちの8割は、保険に加入していたにもかかわらず破産に追い込まれています。重い病気になることは自己破産と背中合わせであり、今までとは比較にならないほどに予防医療が重要になるでしょう。

(6) 農業

農業はこれからホワイトカラー化に向かっていきます。専業農家の平均年齢は63歳と日本の農業はすでに崩壊状態にあります。これから農業分野では法人経営化が急速に進んでいきます。将来にわたって食料を安定供給するためには、家業から組織経営に変えることが不可欠だからです。法人化によって大規模な設備投資ができるようになり、ゲノム研究を含めた高度な研究開発も可能になるでしょう。

それから、ドイツなどで注目されているものに精密農業があります。これは、水や農薬の量やタイミングをデータで管理することでベストパフォーマンスを得ようというものです。これまでは経験と勘に頼っていた部分をＩＴで厳密にデータ化しようというものです。このようなスマートアグリ化のためにも法人経営化が不可欠です。

家業としての小規模農家は消える、と言っているわけではありません。日本の農産物、特に果物は「**農芸品**」ともいうべき、世界でも類を見ないほどハイクオリティです。このような質の高い農産物を求める顧客は世界中にいます。小規模な農家は、良いものを求める国内顧客だけでなく、海外に向けて積極的に輸出するようにもなるでしょう。

流通網の進歩によって、海外で新たな市場が拓けています。

例えば中国では先日、上海でクール宅急便のサービスが始まり、新鮮な農産物を3日くらいで日本から送れるようになりました。日本から香港へのクール宅急便では、紅ほっぺというイチゴが1パック2000円という高価ながら、飛ぶように売れているそうです。

(7) 漁業

漁業は21世紀の現在でも、その6割を自然からの狩猟採集に頼っています。安心・安全、そして安定供給を追求すると、最終形として陸上での養殖に向かっていくでしょう。それは、**漁業でも設備産業化が進む**ということです。

陸上養殖では植物工場の併設が一般化するでしょう。魚の養殖にはフンが付き物ですが、隣に野菜の工場を設ければ、これを肥料として活用することでプラント全体の効率を高めることができるからです。

ここまで未来はこうなるという話をしてきました。人口推移などは、確かに「こうなる」という話です。しかし感覚的には、**未来の7割くらいは誰かの意志、つまり「こうしたい」、あるいは「こうでなければならない」という結果としてできるもの**です。

格好良くいえば、未来は皆さんがつくるものなのです。

成毛チェック！

「未来予測」に関連して、押さえておいた方がよいと思うキーワードのひとつが「40度デバイス」です。現行、データセンターの内部温度は25度くらいに設定されていて、40度くらいになると、CPUが自動的にクロック数を落としたりする可能性がある。こうした状況にあって、40度でも問題なく稼働するデバイス＝40度デバイスが登場すると、データセンターの運営コストは劇的に下がる。

そのデータセンターの需要は急速に高まり続けていて、2020年には44ゼタバイトになると予測されている。現時点で20ゼタバイト。ゼタは10の21乗で、日本語でいうと10垓です。もう無量大数に近づいていくような数値ですが、いかに消費電力を下げるかは緊喫の課題です。IT業界にとっては技術革新が求められる一方、投資サイドから見たら大きなチャンスです。3年から5年以内で、ざっくり10億円ぐらい儲かるビジネスになるのではないかと見ています。

さらにデータセンターをどこに置くかということでは、国ごとの電力料金によってその〝配置図〟は変わってくる。例えば、シェールガスによってアメリカの電気料金が下がれば、アメリカへのシフトが加速するとして、ロシアで電気料金が下がった場合、経済効率だけではなく、安全保障的な視点も必要になる。ここでも、いわゆる専門分野プラスアルファの知識、すなわち教養の重要性を強く感じます。

田中栄にさらに迫るQ&A

Q

未来予測には当たっているものと当たっていないものがありますが、コアバリューは何ですか。（岡　繁樹）

まず、未来予測が当たらないことについて、私は気にしていません。私は予言者ではないので、当たらないものもあるのは当然だからです。

また、**これは私の個人的な見解である**ことははっきりと言っています。こうなるかもしれないし、ああなるかもしれないという言い方はしません。ですから外れることもあるので、これをどう受け止められるかは、受け止める側に委ねています。

ただ、誰かが勇気を持って「こうなるのでは」と提示することで、「そうじゃない」という意見も出てきて、その新しい前提を基に、戦略を立てることができるようになります。

未来予測は中長期戦略とビジョンを考えるための土台であり、それを**議論できるようにすることが最大のバリュー**です。いろいろな会社が『未来予測レポート』を買ってくれるのは、そこに何らかの意味や価値を見いだしていただいているからでしょう。自らの価値は自分たちが決めるのではなく、選ぶ相手が決めることではないでしょうか。

Q「3年先ですら予測することには意味がない」という意見に対してどのような考えを持っていますか。（深澤 了）

それはいろいろなところで言われますが、**経営者が「未来はわからない」と言ってしまったら終わりです。**確かにわからないことも多いですが、**丁寧に見ていけば、高い確率で予測できる**ことはたくさんあるので、それに基づいて戦略を立てることはできます。

Q『未来予測レポート』の30万円という価格はどのように決めましたか。（花香 清明）

10万円以下ですと、少額減価償却資産扱いになるので、そうしたくはありませんでした。そんな扱いで買ってほしくないからです。

情報の価値は人によって極端に違います。30万円を払うには相当な覚悟がいるでしょうし、社内も説得する必要があるでしょう。それでも**30万円払うのは、しっかりとビジョンや中長期計画を考えたいという意志の表れ**です。こちらからすると、これがひとつのフィルターになっているのです。

このレポートが30万円では高いという人にとっては、これは不要なものです。この『未来予測レポート』は100人中90人には必要のないものであり、残りの10人のうち、本当に買うのは1人、2人でしょう。でも、その1人、2人は「こんなに安くていいんですか」と言います。先日もある上場企業のトップから「一桁値段を間違えている」と言われました。その方の立場から見れば**30万円は、新入社員1カ月分の人件費に過ぎません。**

また、この価格設定なら、私も社員に対して人並みの給与を払うことができます。もっと金持ちになりたければほかのやり方もあると思いますが、生活に必要なお金は十分いただいています。私がなぜこの会社をつくり、この仕事をしているかというと、こうやって新しいビジネスをつくるのが純粋に楽しいからです。

Q 起業に向いている性格、向いていない性格を教えてください。（最上 雄太）

起業に向いているのは**他人の言うことを聞かない人です。変わり者です。**

人間には言われたことをきっちりやりたい人と、それが嫌な人がいて、私の場合は後者です。それから、経営者に最も必要な資質は**楽観的であること**です。悲観的な人からは人が離れていきますし、やはり明るいことが大前提だと思います。

成毛チェック！

田中栄さんは、私がマイクロソフトの社長になった2年後に入社してきました。そしてオフィス製品のマーケティングや事業戦略部門で約10年、実績を積んだ後、独立しました。『未来予測レポート』という商品は、そのユニークさゆえに価格設定にも様々な可能性があると思います。田中さんは30万円でビジネスを展開していますが、これを1000万円で、あるいは2万円で提供するというオプションも考えられます。

当然、1000万円で購入できる顧客はぐんと少なくなりますが、その分、限られた顧客のみが入手できる情報としてその価値は高まる。2万円とすれば、誰もが手に入れることができる情報として、その価値を毀損する可能性がある一方、あまねく企業が手に入れておくべき情報として認知されれば、インフラ的な位置づけで顧客を一気に拡大できる可能性もある。あなたなら、どのような価格戦略をとるでしょうか。考えてみてください。

特別講

根来 龍之　早稲田大学ビジネススクール ディレクター

ビジネススクールは人生を変える

門戸は常に開かれている

ビジネススクール（経営大学院）とは、何か。学生の立場から見るとそれは、「人生を変えるきっかけになるものだ」と私は考えています。昇進、転職、起業、事業継承、進学など、早稲田大学ビジネススクール（WBS）の卒業生は実にいろいろな方向へと人生を変えています。私自身も、文学部哲学科を卒業後に鉄鋼会社に入社し、数年間の生産管理の仕事の後にビジネススクールで学び、本社の経営企画部門に戻ってから大学へ転身した経験の持ち主です。

ビジネススクールへ通うことは確実に、**ジョブチェンジ、キャリアチェンジの機会を増やす**のです。ですから、ビジネススクールは**投資に値します。**

ビジネススクールは、「企業幹部になるために必要な経営知識を幅広く身につけるための大学院」と定義できます。

ビジネススクールは、研究者ではなく経営者を育てるための学校です。マーケティング、人事、ファイナンスなどのスペシャリスト養成機関でもありません。それらすべてについて幅広く学ぶ場です（日本では、幅広く学ぶと同時に特定分野を選択して集中的に勉強するという、いわゆるT字型のカリキュラム構造を持つ学校が多いです）。

ビジネススクールには、入学してくる学生の**出身学部を問わない**という特徴があります。もともとビジネスの世界には、経営学を勉強したことのないビジネスパーソンがたくさんいます。企業の側も、経営学を学んだ人だけがいいビジネスマンになるとはまったく考えていません。むしろ、学生時代には、例えばデザインや歴史など、経営学とはまったく別の分野を学んでいた人がいることが、人材の多様性を確保する上で望ましいのです。

しかし、経営には知識が必要な側面もあります。そうなると、そうやって多様なルートから採用されたビジネスパーソンが経営者になっていくには、いつか、経営学の知識を身につけなくてはなりません。

そのための本格的な勉強の場が、ビジネススクールです。門戸はすべてのビジネスパーソンに開かれています。

ただし、ビジネススクールは学部を卒業したばかりの学生を受け入れる場ではありません。いったん就職をした人のための場です。なぜなら、ビジネススクールでの教育は、**実務経験を踏まえた人に向けて**行われるからです。

ビジネススクールでは、ビジネスの現場の出来事をそのまま使って具体的に討議が行われます。抽象的な議論は、現場の問題を解決するための道具であって、抽象的な知識そのものを教室で追求することはメインの目的ではありません。実務経験は、この種の「現場の出来事の具体的な討議」を現実感ある形で行うために不可欠なのです。

ビジネススクールで何が学べるか

しかし、同時にビジネススクールは**実務経験を超える場**でもあります。実務経験からは得られないものを3つ学ぶことができます。

1つ目は、自分の経験していない業界や分野について、理解できるようになること。営業しかしてこなかった人は営業のことしか経験していません。製薬会社に勤めている人は製薬会社のことしか経験していません。日本企業の人は日本企業のことしか「体では」知らないのです。

それらの「経験の限界」を、ビジネススクールの学修は超えることができます。経験していない業界や分野を理解することは、昇進、転職だけではなく、交渉にも役に立ちます。

2つ目は、全社の視点でものを考えられるようになること。ビジネススクールの学生は大半が経営者ではありません。これから経営者になる人たちです。ですから現時点では全社の視点でものを考える必要も経験もない人たちです。営業担当者としてあるいは開発担当者として、自分の職務の視点から部分最適で考えることが習慣になっています。

しかし、経営者は常に全社の視点でものを考える必要があります。若いビジネスパーソンが、全社の視点をOJTで学ぶことはほぼできません。なぜならば、今現在は経営者ではないからです。OJTは本質的に「部分の専門家」としての経験知を得るための手段に過ぎないのです。

ビジネススクールでは、この「**全社の視点での考え方**」を学びます。

3つ目は、他社や他国のマネジャーと交渉や協業をする際に必要な「**仕事の共通語**」です。ビジネススクールには全世界共通の教科書があるわけではありませんが、そこで学ぶ、経営戦略の立て方、企業価値の算出の仕方、マーケティングリサーチの手法、財務分析の指標などは、ビジネスの世界の共通語としての役割を担っています。

こういうものがわかっていると他社、特に外国の経営幹部と話がしやすいですし、わかっていないと話にならないとも言えます。ビジネススクールではこういった仕事の共通語を、広く学ぶことができます。

ビジネススクールでは、実務経験を持っている人に、それまでの実務経験を超えてもらうことが達成目標になります。ビジネススクールの卒業時には、たとえ実務経験は営業でしかなくても、経営者になるための準備を整え、自信を身につけて実業界に戻ってもらいます。

日本とアメリカ、ビジネススクールの違いは

ビジネススクールとひとことで言っても、国によって性質や位置づけは若干異なります。多くの場合、アメリカ型がイメージされていますが、アメリカのビジネススクールは日本における一定レベル以上の文系学部に近い存在です。アメリカには500近くのビジネススクールがありますし、ビジネススクールを卒業した人を対象とした労働市場が確立しています。これは、マネジャーとしての基礎知識と経営幹部を目指す意欲を持つ人を雇用するための市場です。日本では、この市場は一定レベル以上の文系学部の卒業生を対象に形

成されています。

では日本のビジネススクールを卒業した場合はどうなるかと言いますと、最初に記した通り、キャリアチェンジやジョブチェンジのきっかけを手に入れることができます。

つまり、日本のビジネススクールに通う意味は、卒業してMBAだけを対象にした労働市場に入ることではなく、**将来のキャリアを自ら切り開いていく力を強化**することにあります。

ビジネススクールがビジネススクールであるための5条件

では、どういったビジネススクールであればその力を身につけられるのか。5つ条件があります。

①経営幹部として必要な幅広い知識を得るための**広いコア科目**（財務会計、マーケティング、ファイナンス、人材・組織、グローバル経営、経営戦略、総合経営など）がある。

②入学にあたって経営学の知識を求めない。求めるのは、**ビジネスパーソンとしての基**

礎能力とモチベーションです。裏を返すと、ビジネスパーソンとして活躍できている人だけを集めようとしている学校。WBSは、「実」「学」で日本最強の教授陣から学び日本最高レベルの学生と研鑽する場ですから、もともと優秀なビジネスパーソンを、さらに優秀にして送り出しています。

③**コミュニケーション・ディスカッション・ロジカルシンキング**の能力を求める。計算やレポート作成が得意であっても、コミュニケーションやディスカッションができなければ、それはビジネスパーソンではなく、アナリストです。

④実務能力の向上を図る。ビジネススクールは**研究者を育てる学校ではありません。**

⑤**断片的なセミナーではない。**経営学はいくつもの分野から成り立つもので、かつ、それらをすべて学ばないと、様々な状況に対応できず、経営者になるための準備は整いません。

これらの条件を持つ学校、つまりビジネススクールで学べば、これからの人生を変えるきっかけが手に入れられます。

第3のネットワークを手に入れる

さらにビジネススクールでは、第3のネットワークを手に入れることができます。第3のネットワークとは、家族や友人（第1のネットワーク）とも会社の同僚や仕事上の知り合い（第2のネットワーク）とも異なる、仕事について**利害を超えて語り合え、仕事の知恵や機会を提供しあえる関係**です。互いにビジネスでの成功を目指す際の「心のよりどころ」ともなる仲間たちです。

例えば起業にはパートナーや支援者が必要ですが、WBSで机を並べて学んだ仲間で企業をする人もいますし、別の仲間が最初の顧客になってくれることもあります。ビジネススクールでは、誰に何を教わるかと同じくらい、誰と一緒に学ぶかも重要です。あるいはそれが一番重要と言ってもいい。ディスカッション型の講義を誰と受け、どういう第3のネットワークを築くかが、その後のビジネスキャリアの形成に大きな影響を与えます。

教える側はというと、WBSの教授陣は3つのタイプがミックスしています。

まず、自分自身がビジネススクールの卒業生であり実務経験があるタイプ。それから、アカデミックなキャリアを積んできたタイプ。さらに、シニアコンサルタントや企業経営、官庁幹部などの経験に基づいた実業のための持論を持つタイプです。

教授陣に、どれかひとつのタイプでも欠けていると、知識にばかり偏重したり、特定分野の深掘りが不足したり、説得力がなかったりします。

今回、この本をまとめられた成毛眞さんは最後のタイプ、企業経営者としての経験に基づいた持論を確立されているタイプです。学生は成毛さん、あるいは成毛さんが招かれたゲスト講師の話を聞きながら、この話は、別の授業で習ったフレームワークのどこにあてはまるのか、どの理論に近いかを考えることができたはずです。

最後に、WBSについて簡単にまとめます。

WBSには、通う人の生活に合わせた柔軟なプログラムが用意されています。日本語で学ぶコースも英語で学ぶコースもありますし、昼のコースと仕事をしながらでも通いやすい夜・土曜のコースもあります。アメリカ型のジェネラルマネジメント能力強化のコースと、特定分野の能力を強化するコース。2年間通うのが標準ですが、昼には1年間のコースもあります。2016年には、ファイナンス研究科と一緒になり、ファイナンスの授業やコースが強化されます。

現在は昼夜合わせて1学年当たり200人を超える学生が学んでいます。2016年度からは300人近い学生規模になるはずです。これはほかのビジネススクールに比べるとかなり多い人数となります。

第3のネットワークの規模とメンバーの多様性は日本最高レベルだと思います。2016年から一緒になるファイナンス研究科と合わせるとすでに4500人を超える卒業生がいます。

入学のためには、ほかのビジネススクールと比べるとやや高い倍率の、小論文と面接試験を勝ち抜く必要がありますが、人生を変えるきっかけを手にしたい方はぜひそれを突破し、WBSで学び、そして卒業して、各分野で活躍してほしいと思います。

WBSのスクールメッセージ“Actionable knowledge unlocks your potential.”

おわりに

社会人と大学院生の二足のわらじは、もう、珍しいものではなくなった。休職して通学する公務員もいるし、夜間と休日を学業の時間に充てる会社員もいる。

そうしたくなる気持ちはよくわかる。社会人としての自分の強みは何か、逆に足りないものは何かは、社会に出て何年か仕事をしてみて初めて実感できるもの。だから、現在の大学及び大学院のシステムはそれほど悪くないと思う。社会人未経験の学生には基本的な学問をたたき込み、社会人学生には即戦力として戦っていくための知恵・技術・人脈を授けるのが、最高学府の役割なのである。

したがって、これから大学院で学びたいと考えている社会人は進学をためらうことはないし、学舎を決める際には、教授陣に知恵と技術を持っている人がどれだけいるか、より多くの仲間が得られる環境かどうかを基軸にすべきだ。ただＭＢＡという学位を手に入れるためだけに大学院に通うのは、まったくもって時間の無駄。繰り返しになるが、社会人が大学院で手に入れるべきなのは、知恵・技術・人脈であって、名刺に印刷するための肩書きではない。

この講義には、本書に未収録の第7講があった。それはこの本を出版した日経BP社のプロデューサー、柳瀬博一さんによるものである。柳瀬さんは起業家でも経営者でもないが、長くメディアで働いているので、それまでの6人のゲスト講師の話を俯瞰し、総括する回のナビゲーターとして最適だと判断した。

起業には何が必要か、経営者はどうあるべきか、困難はどう切り抜けるか。それを箇条書きにしてここに記すのは簡単だが、この本で講義を追体験した方には、その総括はご自身で行なってほしい。それがこの本を単に「面白かった」ものから、今後の社会人人生の糧に変えるのに、欠かせない行為だからだ。

もしもこの本で、この講義に興味を持たれた方がいたら、次回はぜひ学生として出席していただければと思う。次の開講は2016年の予定である。

最後に、今回の講義に講師として登壇してくださった出雲充さん、梅田優祐さん、加藤崇さん、高槻亮輔さん、田中栄さん、出口治明さん、そして、早稲田大学ビジネススクール教授の根来龍之さんに御礼を申し上げ、閉講の挨拶とする。

2015年6月　成毛眞

成毛 眞（なるけ・まこと）

早稲田大学ビジネススクール客員教授
1955年、北海道生まれ。中央大学商学部卒。自動車部品メーカー、株式会社アスキーなどを経て86年、マイクロソフト株式会社に入社。91年、同社代表取締役社長に就任。2000年に退社後、投資コンサルティング会社「インスパイア」を設立。様々なベンチャー企業の取締役・顧問を務める。現在、インスパイア取締役ファウンダー、スルガ銀行社外取締役、書評サイト「HONZ」代表。

情熱の仕事学

成毛眞　早稲田大学ビジネススクール 厳選8講

発行日　2015年6月22日　第1版第1刷発行

著　者　成毛 眞

発行者　高柳 正盛
発　行　日経BP社
発　売　日経BPマーケティング
〒108-8646 東京都港区白金 1-17-3
http://business.nikkeibp.co.jp/

装丁デザイン　日下 充典
DTP　株式会社　エステム
編集　坂巻 正伸　片瀬 京子
写真　鈴木 愛子
印刷・製本　図書印刷株式会社

 ISBN978-4-8222-7916-5
Printed in Japan